Costituzione della Repubblica Italiana

Edizione 2023

Aggiornata alla legge costituzionale
7 novembre 2022, n.2, sulla peculiarità
delle isole.
(GU Serie Generale n.267 del 15-11-2022)

pe

Primiceri Editore

Finito di stampare nel mese di febbraio 2023
presso Rotomail Italia Spa – Vignate (MI)
per conto di Primiceri Editore Srls
Via Savonarola 217, 35137 Padova
Quarta Edizione
ISBN 978-88-3300-315-3
www.primicerieditore.com
In copertina: © BluedarkArt – Adobe Stock

INDICE

«Se voi volete andare in pellegrinaggio nel
luogo dove è nata la nostra Costituzione,
andate nelle montagne dove caddero i
partigiani, nelle carceri dove furono
imprigionati, nei campi dove furono impiccati.
Dovunque è morto un italiano per riscattare la
libertà e la dignità, andate lì, o giovani, col
pensiero, perché lì è nata la nostra
Costituzione.»

(Piero Calamandrei, *Discorso ai giovani tenuto
alla Società Umanitaria*, Milano, 26 gennaio
1955).

PREFAZIONE ALLA IV EDIZIONE

La riforma costituzionale del 2022 sulla peculiarità delle isole

La Costituzione della Repubblica Italiana edita da Primiceri Editore giunge alla quarta edizione. L'aggiornamento si è reso necessario in seguito all'entrata in vigore della legge costituzionale 7 novembre 2022 n. 2, recante *"Modifica all'articolo 119 della Costituzione, concernente il riconoscimento delle peculiarità delle Isole e il superamento degli svantaggi derivanti dall'insularità"*, pubblicata nella Gazzetta Ufficiale n. 267 del 15 novembre 2022.

La proposta di legge costituzionale è stata approvata, in seconda deliberazione, con la maggioranza assoluta dei rispettivi componenti: dal Senato della Repubblica nella seduta del 27 aprile 2022 e dalla Camera dei deputati nella seduta del 28 luglio 2022 (A.C. 3353-B).

Il termine di tre mesi previsto dall'articolo 138, secondo comma, della Costituzione per la richiesta di referendum è scaduto il 30 ottobre 2022 senza che sia stata avanzata alcuna richiesta da parte dei soggetti costituzionalmente legittimati: un quinto dei membri di una Camera o cinquecentomila elettori o ancora cinque Consigli regionali.

Nell'inserire un comma aggiuntivo dopo il quinto comma dell'articolo 119 della Costituzione, la legge costituzionale prevede che *"la Repubblica riconosce le peculiarità delle Isole e promuove le misure necessarie a rimuovere gli svantaggi derivanti dall'insularità"*.

Il riconoscimento in Costituzione delle peculiarità delle isole va inteso in un'accezione ampia, inclusiva della promozione delle specificità di carattere culturale, storico, naturalistico di tali territori.

La riduzione dei disagi derivanti dalla condizione di insularità dipende non solo dalla collocazione geografica, ma anche da altri fattori quali la demografia, l'esistenza di servizi pubblici essenziali e la disponibilità di collegamenti marittimi e aerei, condizione imprescindibile per garantire effettività alla libertà di circolazione tutelata dall'articolo 16 della Costituzione.

Sono state, dunque, riconosciute a livello costituzionale le peculiarità della condizione insulare e l'esigenza di garantire a tutti i cittadini uguali condizioni di fruizione dei diritti fondamentali, così attenuando gli svantaggi derivanti dalle difficoltà di connessione.

Si tratta, a ben vedere, di un'ulteriore e puntuale specificazione del principio di uguaglianza sostanziale sancito dall'articolo 3, secondo comma, della Costituzione, là dove si impegna la Repubblica a rimuovere gli ostacoli che limitano la libertà e l'uguaglianza dei cittadini.

Le nuove disposizioni si pongono in linea con le misure europee sulla continuità territoriale che trovano fondamento nell'articolo 45 della Carta di Nizza sui diritti fondamentali dell'Unione europea e nell'articolo 21, paragrafo 1, del Trattato sul funzionamento dell'Unione europea, relativi alla libertà di circolazione e di soggiorno.

ALTRE RIFORME DAL 2020 AL 2022

La riforma costituzionale del 2022 sulla tutela dell'ambiente e degli animali

La Legge Costituzionale 11 febbraio 2022 n.1, *"Modifiche agli articoli 9 e 41 della Costituzione in materia di tutela dell'ambiente"*, (GU Serie Generale n.44 del 22-02-2022), ha modificato gli articoli 9 e 41 introducendo specifiche previsioni in materia di tutela dell'ambiente e degli animali. Il testo introduce un nuovo comma all'articolo 9 della Costituzione, al fine di riconoscere - nell'ambito dei principi fondamentali enunciati nella Costituzione – il principio di tutela dell'ambiente, della biodiversità e degli ecosistemi, anche nell'interesse delle future generazioni. Accanto alla tutela del paesaggio e del patrimonio storico-artistico della Nazione, richiamato dal secondo comma dell'art. 9 Cost., si attribuisce alla Repubblica anche la tutela di tali aspetti. Viene inoltre inserito un principio di tutela degli animali, attraverso la previsione di una riserva di legge statale che ne disciplini le forme e i modi. È al contempo oggetto di modifica l'articolo 41 della Costituzione in materia di esercizio dell'iniziativa economica. In primo luogo, si interviene sul secondo comma stabilendo che l'iniziativa economica privata non possa svolgersi in danno alla salute e all'ambiente, premettendo questi due limiti a quelli già vigenti, ovvero la sicurezza, la libertà e la dignità umana. La seconda modifica investe, a sua volta, il terzo comma dell'articolo 41, riservando alla legge la possibilità di indirizzare e coordinare l'attività economica, pubblica e privata, a fini non solo sociali, ma anche ambientali.

Il testo reca infine una clausola di salvaguardia per l'applicazione del principio di tutela degli animali alle Regioni a statuto speciale e alle Province autonome di Trento e di Bolzano[1].

Finalità della modifica, sulla base di quanto evidenziato nel corso dei lavori parlamentari, è in primo luogo quella di dare articolazione al principio della tutela ambientale, ulteriore rispetto alla menzione della "tutela dell'ambiente, dell'ecosistema e dei beni culturali" previsto dall'articolo 117, secondo comma della Costituzione - introdotto con la riforma del Titolo V approvata nel 2001 – nella parte in cui enumera le materie su cui lo Stato abbia competenza legislativa esclusiva. Accanto a quella dell'ambiente, si attribuisce alla Repubblica la tutela della biodiversità e degli ecosistemi. In tale ambito, viene introdotto un riferimento all'"interesse delle future generazioni", espressione utilizzata per la prima volta nel testo costituzionale. L'ambiente è qui inteso nella sua accezione più estesa e sistemica: quale ambiente, ecosistema, biodiversità.

---

[1] Legge costituzionale 11 febbraio 2022, n.1, art.3: *"La legge dello Stato che disciplina i modi e le forme di tutela degli animali, di cui all'articolo 9 della Costituzione, come modificato dall'articolo 1 della presente legge costituzionale, si applica alle regioni a statuto speciale e alle Province autonome di Trento e di Bolzano nei limiti delle competenze legislative ad esse riconosciute dai rispettivi statuti".*

La riforma costituzionale del 2021 sul voto dei diciottenni al Senato

La legge costituzionale 18 ottobre 2021 n.1 *"Modifica all'articolo 58 della Costituzione, in materia di elettorato per l'elezione del Senato della Repubblica"* (pubblicata nella Gazzetta Ufficiale, Serie Generale n. 251 del 20/10/2021) ha abrogato la previsione che limitava l'elettorato attivo per il Senato a coloro che avevano compiuto il venticinquesimo anno di età. A seguito di tale modifica, quindi, per votare sia alle elezioni della Camera che del Senato occorre avere compiuti 18 anni di età. Il testo di legge costituzionale era stato approvato in via definitiva in data 8 luglio 2021 e, non essendo stata raggiunta la maggioranza dei due terzi dei componenti è stato pubblicato nella Gazzetta Ufficiale del 13 luglio 2021, per consentire l'eventuale richiesta di referendum costituzionale da parte di un quinto dei membri di ciascuna Camera o cinquecentomila elettori o cinque Consigli regionali. Il termine di tre mesi previsto della Costituzione per la richiesta di referendum confermativo è scaduto il 14 ottobre 2021 senza che nessuno abbia presentato richiesta. Pertanto, il 4 novembre questa legge costituzionale è entrata in vigore.

La legge costituzionale si compone di un articolo unico che, attraverso la modifica dell'articolo 58, primo comma, della Costituzione, riduce il limite di età per gli elettori del Senato da 25 a 18 anni. Con tali modifiche l'elettorato attivo per il Senato della Repubblica viene uniformato a quello già previsto per la Camera dei deputati (art. 56 Cost.). Il tema dell'abbassamento dell'età dell'elettorato attivo era emerso in occasione del dibattito sulla riduzione del numero dei parlamentari. Coerentemente con il metodo delle riforme puntuali si è provveduto con un autonomo disegno di legge.

La riforma costituzionale del 2020 sulla riduzione del numero dei parlamentari

La legge costituzionale 19 ottobre 2020 n. 1, dal titolo "*Modifiche agli articoli 56, 57 e 59 della Costituzione in materia di riduzione del numero dei parlamentari*" (pubblicata nella Gazzetta Ufficiale del 21 ottobre 2020, n. 261), ha modificato gli articoli 56, 57 e 59 della Costituzione, stabilendo altresì, all'art. 4, che tali modifiche "*si applicano a decorrere dalla data del primo scioglimento o della prima cessazione delle*

Camere successiva alla data di entrata in vigore della presente legge costituzionale e comunque non prima che siano decorsi sessanta giorni dalla predetta data di entrata in vigore". La riforma sulla riduzione del numero dei parlamentari è stata definitivamente approvata dopo il referendum costituzionale (senza quorum) svoltosi il 20 e 21 settembre 2020 che ha visto il prevalere dei "sì" (ovvero favorevoli alla riforma) con una percentuale del 69,6%. La nuova composizione delle Camere si riduce così da 630 a 400 seggi alla Camera dei deputati, da 315 a 200 seggi elettivi al Senato. L'obiettivo dichiarato dai legislatori è duplice: da un lato favorire un miglioramento del processo decisionale delle Camere per renderle più capaci di rispondere alle esigenze dei cittadini e dall'altro ridurre il costo della politica (con un risparmio stimato di circa 500 milioni di euro in una Legislatura). La riforma consente, inoltre, all'Italia di allinearsi al resto d'Europa: l'Italia, infatti, era il paese con il numero più alto di parlamentari direttamente eletti dal popolo (945); seguono la Germania (circa 700), la Gran Bretagna (650) e la Francia (poco meno di 600).

C'è sempre bisogno di Costituzione
di Salvatore Primiceri

Qualcuno si domanderà quale bisogno la Casa Editrice intenda soddisfare pubblicando un testo di pubblico dominio e già ampiamente diffuso, sia in forma cartacea che digitale, come la Costituzione Italiana. La risposta è molto semplice. C'è sempre bisogno di Costituzione e la sua divulgazione non è mai un processo definitivo. Anzi, mai come negli ultimi tempi, da quando l'Italia è una Repubblica Democratica, complice la pesante crisi economica abbattutasi su cittadini e imprese dal 2008 in poi, la società sente il bisogno di ancorarsi a valori forti, sicuri, garanzia di giustizia ed equità sociale, i quali possano guidare la collettività nel vivere pacificamente e nel ricercare ed attuare il bene comune. La Carta Costituzionale è, in questo senso, un capolavoro che merita di essere continuamente letto, insegnato, commentato. La missione di una Casa Editrice a "vocazione giuridica" non può certamente ignorare che il proprio compito è etico, oltre che commerciale, ovvero quello di diffondere cultura, soprattutto a giovamento delle generazioni che saranno protagoniste del Paese in futuro.

Considerato un testo "rigido" per la complessa procedura di modifica prevista, la Costituzione è in realtà un testo estremamente dinamico per quella incredibile capacità di adattarsi ai tempi e alle necessità cangianti dei cittadini, senza mai tradire i princìpi fondamentali, vero corpo etico, oltre che giuridico, della nostra Repubblica. Tale "dinamicità" rappresenta indubbiamente la qualità giuridica sia del testo, sia dei suoi autori, ed è il frutto della straordinaria lungimiranza, lucidità, intelligenza ed equilibrio dei padri costituenti, i quali erano mossi da un acceso desiderio e da un forte senso di responsabilità nel fornire, soprattutto alle generazioni future e in modo permanente, pace, uguaglianza, giustizia e prosperità, elementi venuti a mancare nella difficile e violenta fase storica che ha preceduto la nascita della Repubblica.

Per questo, i primi dodici articoli della Costituzione della Repubblica, denominati, appunto, "princìpi fondamentali" proprio perché rappresentano le fondamenta etico e sociali dello Stato, non sono modificabili e costituiscono un faro per la civiltà italiana e il progresso. Scorrendo i princìpi fondamentali, attraverso la loro piacevolissima lettura, emergono il *principio lavoristico* (il lavoro è un diritto e dovere in quanto è anche espressione della dignità, realizzazione e felicità umana); il *principio personalistico* (la Repubblica riconosce e garantisce i diritti inviolabili dell'uomo, sia come singolo sia nelle formazioni sociali); il *principio di uguaglianza* davanti alla legge (senza distinzione di sesso, di razza, di lingua, di religione, di opinioni politiche, di condizioni sociali e personali); il *principio democratico* (l'Italia è una repubblica democratica); il *principio di unità* (la repubblica è una e indivisibile); il *principio pacifista* (l'Italia ripudia la guerra e si adopera con altri stati a perseguire il fine della pace); il *principio di libertà* religiosa e *laicità* dello Stato.

La Costituzione è la legge fondamentale dello Stato ed è la prima fonte del diritto. Da essa discendono tutte le leggi, le quali ad essa si devono uniformare. La Carta Costituzionale è quindi una garanzia per il corretto svolgimento dell'attività legislativa e il suo rispetto viene controllato e verificato attraverso organi costituzionali preposti quali le funzioni del Presidente della Repubblica e il ruolo della Corte Costituzionale.

La Costituzione della Repubblica Italiana è composta da 139 articoli e relativi commi, più 18 disposizioni transitorie e finali, suddivisi in quattro sezioni:

Principi fondamentali (articoli 1-12);
Parte prima: "Diritti e Doveri dei cittadini" (articoli 13-54);
Parte seconda: "Ordinamento della Repubblica" (articoli 55-139);
Disposizioni transitorie e finali (disposizioni I-XVIII).

La Costituzione è stata oggetto negli anni di varie modifiche migliorative (si pensi ad esempio all'abolizione della pena di morte e all'inserimento dei princìpi sul giusto processo), ma anche di falliti tentativi di revisione.

Da segnalare, a tal proposito, che in quattro casi si è ricorso al referendum confermativo di una legge di revisione costituzionale. Nel 2001 la riforma del Titolo V (proposta dalla coalizione di maggioranza dell'Ulivo) non è stata appoggiata dal quorum dei 2/3 del Parlamento ma fu approvata dai cittadini italiani attraverso il referendum del 7 ottobre 2001 con il 64,2% di voti favorevoli. Nel 2006, sempre con referendum, fu invece bocciato col 61,70% di voti contrari l'imponente progetto di revisione (costituito dalla modifica di cinquanta articoli) proposto dalla coalizione di maggioranza "Casa delle Libertà" che vedeva come principio cardine la trasformazione della Repubblica Italiana in Repubblica federale. Stesso esito negativo, poi, per il progetto di abolizione del bicameralismo perfetto e del CNEL (cd. Renzi-Boschi) bocciato al referendum del 4 dicembre 2016 con il 59,12% di voti contrari. A questi si aggiunge il referendum già citato in apertura, quello del 2020 sulla riduzione del numero dei parlamentari, approvato a larga maggioranza dai cittadini italiani che si sono recati alle urne.

Eccezione fatta per le riforme del 2020, 2021 e 2022, si evince in generale una certa prudenza, in alcuni casi vera e propria difficoltà, ad attuare aggiornamenti della Carta costituzionale. Ciò suggerisce l'idea che il testo della Costituzione appare ai cittadini come una garanzia a cui dare ancora piena attuazione piuttosto che intervenire con cambiamenti rischiosi che potrebbero rivelarsi come passi indietro o soddisfacenti a esigenze temporanee prive di quello spirito innovativo e di quella visione del futuro come il migliore possibile che caratterizzò la nascita della Costituzione. Non è affatto da escludere, infine, che talvolta abbia giocato un ruolo chiave negli esiti referendari anche il rispetto per i padri costituenti, giudicati come portatori di una cultura umana e giuridica di maggiore profilo rispetto a quella espressa da buona parte dei legislatori contemporanei.

La fiducia in chi ha saputo delineare i princìpi per un'Italia giusta che favorisce il benessere di tutti è

quindi da rispettare e salvaguardare. Come?
Leggendo e rileggendo la nostra Costituzione,
ovviamente.
Buona lettura.

Salvatore Primiceri

NOTA STORICA

L'Assemblea costituente, che approvò la Costituzione entrata in vigore il 1° gennaio 1948, era stata eletta il 2 giugno 1946. Tale Assemblea era stata prevista dal decreto legge luogotenenziale 25 giugno 1944, n. 151, convertito in legge per effetto della XV disposizione transitoria della Costituzione.

Col decreto legislativo luogotenenziale 10 marzo 1946, n. 74, venivano emanate le norme per la elezione dei deputati all'Assemblea costituente. Successivamente il decreto legislativo luogotenenziale 16 marzo 1946, n. 98, stabiliva il referendum popolare per la scelta della forma istituzionale dello Stato, da tenersi contemporaneamente alle elezioni per l'Assemblea costituente (2 giugno 1946).

Nel citato decreto n. 151 del 1944 fu stabilito che l'Assemblea fosse sciolta di diritto il giorno dell'entrata in vigore della nuova Costituzione e comunque non oltre l'ottavo mese dalla sua prima riunione. Detto termine fu prorogato prima al 24 giugno 1947 (L. cost. 21 febbraio 1947, n. 1) e successivamente non oltre il 31 dicembre 1947 (L. cost. 17 giugno 1947, n. 2).

ELENCO DELLE MODIFICHE APPORTATE ALLA CARTA COSTITUZIONALE NEGLI ANNI SUCCESSIVI ALLA PROMULGAZIONE

9 febbraio 1963, n. 2: «Modificazioni agli articoli 56, 57 e 60 della Costituzione» (G.U. n. 40 del 12 febbraio 1963);

27 dicembre 1963, n. 3: «Modificazioni agli articoli 131 e 57 della Costituzione e istituzione della Regione Molise» (G.U. n. 3 del 4 gennaio 1964);

22 novembre 1967, n. 2: «Modificazione dell'articolo 135 della Costituzione e disposizioni sulla Corte costituzionale» (G.U. n. 294 del 25 novembre 1967);

16 gennaio 1989, n. 1: «Modifiche degli articoli 96, 134 e 135 della Costituzione e della legge costituzionale 11 marzo 1953, n. 1, e norme in materia di procedimenti per i reati di cui all'articolo 96 della Costituzione» (G.U. n. 13 del 17 gennaio 1989);

4 novembre 1991, n. 1: «Modifica dell'articolo 88, secondo comma, della Costituzione» (G.U. n. 262 dell'8 novembre 1991);

6 marzo 1992, n. 1: «Revisione dell'articolo 79 della Costituzione in materia di concessione di amnistia e indulto» (G.U. n. 57 del 9 marzo 1992);

29 ottobre 1993, n. 3: «Modifica dell'articolo 68 della Costituzione» (G.U. n. 256 del 30 ottobre 1993);

22 novembre 1999, n. 1: «Disposizioni concernenti l'elezione diretta del Presidente della Giunta regionale e l'autonomia statutaria delle Regioni» (G.U. n. 299 del 22 dicembre 1999);

23 novembre 1999, n. 2: «Inserimento dei principi del giusto processo nell'articolo 111 della Costituzione» (G.U. n. 300 del 23 dicembre 1999);

17 gennaio 2000, n. 1: «Modifica all'articolo 48 della Costituzione concernente l'istituzione della circoscrizione Estero per l'esercizio del diritto di voto dei cittadini italiani residenti all'estero» (G.U. n. 15 del 20 gennaio 2000);

23 gennaio 2001, n. 1: «Modifiche agli articoli 56 e 57 della Costituzione concernenti il numero dei deputati e senatori in rappresentanza degli italiani all'estero» (G.U. n. 19 del 24 gennaio 2001);

18 ottobre 2001, n. 3: «Modifiche al titolo V della parte seconda della Costituzione» (G.U. n. 248 del 24 ottobre 2001);

23 ottobre 2002, n. 1: «Cessazione degli effetti dei commi primo e secondo della XIII disposizione transitoria e finale della Costituzione» (G.U. n. 252 del 26 ottobre 2002);

30 maggio 2003, n. 1: «Modifica dell'articolo 51 della Costituzione» (G.U. n. 134 del 12 giugno 2003);

2 ottobre 2007, n. 1: «Modifica all'articolo 27 della Costituzione, concernente l'abolizione della pena di morte» (G.U. n. 236 del 10 ottobre 2007);

20 aprile 2012, n. 1: «Introduzione del principio del pareggio di bilancio nella Carta costituzionale» (G.U. n. 95 del 13 aprile 2012).

19 ottobre 2020, n.1 «Modifiche agli articoli 56, 57 e 59 della Costituzione in materia di riduzione del numero dei parlamentari» (GU Serie Generale n.261 del 21-10-2020).

18 ottobre 2021 n.1 «Modifica all'articolo 58 della Costituzione, in materia di elettorato per l'elezione del Senato della Repubblica» (GU Serie Generale n. 251 del 20/10/2021).

11 febbraio 2022 n.1 «Modifiche agli articoli 9 e 41 della Costituzione in materia di tutela dell'ambiente» (GU Serie Generale n. 251 del 20/10/2021).

7 novembre 2022 n.2 «Modifica all'articolo 119 della Costituzione, concernente il riconoscimento delle peculiarità delle Isole e il superamento degli svantaggi derivanti dall'insularità» (GU Serie Generale n.267 del 15-11-2022).

COSTITUZIONE DELLA REPUBBLICA ITALIANA
(G.U. n. 298, edizione straordinaria, del 27 dicembre 1947; G.U. n. 2 del 3 gennaio 1948)

IL CAPO PROVVISORIO DELLO STATO
Vista la deliberazione dell'Assemblea Costituente, che nella seduta del 22 dicembre 1947 ha approvato la Costituzione della Repubblica ita- liana;
Vista la XVIII disposizione finale della Costituzione;
PROMULGA
la Costituzione della Repubblica italiana nel seguente testo:

PRINCIPI FONDAMENTALI

Art. 1.

L'Italia è una Repubblica democratica, fondata sul lavoro.
La sovranità appartiene al popolo, che la esercita nelle forme e nei limiti della Costituzione.

Art. 2.

La Repubblica riconosce e garantisce i diritti inviolabili dell'uomo, sia come singolo, sia nelle formazioni sociali ove si svolge la sua personalità, e richiede l'adempimento dei doveri inderogabili di solidarietà politica, economica e sociale.

Art. 3.

Tutti i cittadini hanno pari dignità sociale e sono eguali davanti alla legge, senza distinzione di sesso, di razza, di lingua, di religione, di opinioni politiche, di condizioni personali e sociali.

È compito della Repubblica rimuovere gli ostacoli di ordine economico e sociale, che, limitando di fatto la libertà e la uguaglianza dei cittadini, impediscono il pieno sviluppo della persona umana e l'effettiva partecipazione di tutti i lavoratori all'organizzazione politica, economica e sociale del Paese.

Art. 4.

La Repubblica riconosce a tutti i cittadini il diritto al lavoro e promuove le condizioni che rendano effettivo questo diritto.

Ogni cittadino ha il dovere di svolgere, secondo le proprie possibilità e la propria scelta, una attività o una funzione che concorra al progresso materiale o spirituale della società.

Art. 5

La Repubblica, una e indivisibile, riconosce e promuove le autonomie locali; attua nei servizi che dipendono dallo Stato il più ampio decentramento amministrativo; adegua i principi ed i metodi della sua legislazione alle esigenze dell'autonomia e del decentramento.

Art. 6

La Repubblica tutela con apposite norme le minoranze linguistiche.

Art. 7

Lo Stato e la Chiesa cattolica sono, ciascuno nel proprio ordine, indipendenti e sovrani.

I loro rapporti sono regolati dai Patti Lateranensi. Le modificazioni dei Patti, accettate dalle due parti, non richiedono procedimento di revisione costituzionale.

Art. 8

Tutte le confessioni religiose sono egualmente libere davanti alla legge.

Le confessioni religiose diverse dalla cattolica hanno diritto di organizzarsi secondo i propri statuti, in quanto non contrastino con l'ordinamento giuridico italiano.

I loro rapporti con lo Stato sono regolati per legge sulla base di intese con le relative rappresentanze.

Art. 9

La Repubblica promuove lo sviluppo della cultura e la ricerca scientifica e tecnica.

Tutela il paesaggio e il patrimonio storico e artistico della Nazione.

Tutela l'ambiente, la biodiversità e gli ecosistemi, anche nell'interesse delle future generazioni. La legge dello Stato disciplina i modi e le forme di tutela degli animali.[2]

---

[2] Comma introdotto dalla legge costituzionale 11 febbraio 2022, n.1, (GU Serie Generale n.44 del 22-02-2022). Per la prima volta, viene introdotto nella Costituzione il riferimento agli animali. Viene prevista una riserva di legge, stabilendo che il legislatore definisca le forme e i modi di tutela. Si tratta di una novità degna di nota che segue l'orientamento della normativa europea, infatti, l'art. 13 del Trattato sul Funzionamento dell'UE precisa che: «[...] *l'Unione e gli Stati Membri devono, poiché gli animali sono esseri senzienti, porre attenzione totale alle necessità degli animali, sempre rispettando i provvedimenti amministrativi e legislativi degli Stati*

Art. 10

L'ordinamento giuridico italiano si conforma alle norme del diritto internazionale generalmente riconosciute.

La condizione giuridica dello straniero è regolata dalla legge in conformità delle norme e dei trattati internazionali.

Lo straniero, al quale sia impedito nel suo paese l'effettivo esercizio delle libertà democratiche garantite dalla Costituzione italiana, ha diritto d'asilo nel territorio della Repubblica, secondo le condizioni stabilite dalla legge.

Non è ammessa l'estradizione dello straniero per reati politici[3].

Art. 11

L'Italia ripudia la guerra come strumento di offesa alla libertà degli altri popoli e come mezzo di risoluzione delle controversie internazionali; consente, in condizioni di parità con gli altri Stati, alle limitazioni di sovranità necessarie ad un ordinamento che assicuri la pace e la giustizia fra le Nazioni; promuove e favorisce le organizzazioni internazionali rivolte a tale scopo.

Art. 12

La bandiera della Repubblica è il tricolore italiano: verde, bianco e rosso, a tre bande verticali di eguali dimensioni.

Membri relativi in particolare ai riti religiosi, tradizioni culturali ed eredità regionali». L'importanza di questa norma consiste nel riconoscere dignità agli animali che non vengono più considerati alla stregua di cose.

[3] La legge costituzionale 21 giugno 1967, n. 1, ha disposto che l'ultimo comma dell'art. 10 e l'ultimo comma dell'art. 26 della Costituzione non si applicano ai delitti di genocidio.

PARTE PRIMA.
DIRITTI E DOVERI DEI CITTADINI

Titolo I. Rapporti civili

Art. 13

La libertà personale è inviolabile.

Non è ammessa forma alcuna di detenzione, di ispezione o perquisizione personale, né qualsiasi altra restrizione della libertà personale, se non per atto motivato dall'autorità giudiziaria e nei soli casi e modi previsti dalla legge.

In casi eccezionali di necessità ed urgenza, indicati tassativamente dalla legge, l'autorità di pubblica sicurezza può adottare provvedimenti provvisori, che devono essere comunicati entro quarantotto ore all'autorità giudiziaria e, se questa non li convalida nelle successive quarantotto ore, si intendono revocati e restano privi di ogni effetto.

È punita ogni violenza fisica e morale sulle persone comunque sottoposte a restrizioni di libertà.

La legge stabilisce i limiti massimi della carcerazione preventiva.

Art. 14

Il domicilio è inviolabile.

Non vi si possono eseguire ispezioni o perquisizioni o sequestri se non nei casi e modi stabiliti dalla legge secondo le garanzie prescritte per la tutela della libertà personale.

Gli accertamenti e le ispezioni per motivi di sanità e di incolumità pubblica o a fini economici e fiscali sono regolati da leggi speciali.

Art. 15

La libertà e la segretezza della corrispondenza e di ogni altra forma di comunicazione sono inviolabili.

La loro limitazione può avvenire soltanto per atto motivato dell'autorità giudiziaria con le garanzie stabilite dalla legge.

Art. 16

Ogni cittadino può circolare e soggiornare liberamente in qualsiasi parte del territorio nazionale, salvo le limitazioni che la legge stabilisce in via generale per motivi di sanità o di sicurezza. Nessuna restrizione può essere determinata da ragioni politiche.

Ogni cittadino è libero di uscire dal territorio della Repubblica e di rientrarvi, salvo gli obblighi di legge.

Art. 17

I cittadini hanno diritto di riunirsi pacificamente e senz'armi.

Per le riunioni, anche in luogo aperto al pubblico, non è richiesto preavviso.

Delle riunioni in luogo pubblico deve essere dato preavviso alle autorità, che possono vietarle soltanto per comprovati motivi di sicurezza o di incolumità pubblica.

Art. 18

I cittadini hanno diritto di associarsi liberamente, senza autorizzazione, per fini che non sono vietati ai singoli dalla legge penale.

Sono proibite le associazioni segrete e quelle che perseguono, anche indirettamente, scopi politici mediante organizzazioni di carattere militare.

Art. 19

Tutti hanno diritto di professare liberamente la propria fede religiosa in qualsiasi forma, individuale o associata, di farne propaganda e di esercitarne in privato o in pubblico il culto, purché non si tratti di riti contrari al buon costume.

Art. 20

Il carattere ecclesiastico e il fine di religione o di culto d'una associazione od istituzione non possono essere causa di speciali limitazioni legislative, né di speciali gravami fiscali per la sua costituzione, capacità giuridica e ogni forma di attività.

Art. 21

Tutti hanno diritto di manifestare liberamente il proprio pensiero con la parola, lo scritto e ogni altro mezzo di diffusione.

La stampa non può essere soggetta ad autorizzazioni o censure.

Si può procedere a sequestro soltanto per atto motivato dell'autorità giudiziaria nel caso di delitti, per i quali la legge sulla stampa espressamente lo autorizzi, o nel caso di violazione delle norme che la legge stessa prescriva per l'indicazione dei responsabili.

In tali casi, quando vi sia assoluta urgenza e non sia possibile il tempestivo intervento dell'autorità giudiziaria, il sequestro della stampa periodica può essere eseguito da ufficiali di polizia giudiziaria, che devono immediatamente, e non mai oltre ventiquattro ore, fare denunzia all'autorità giudiziaria. Se questa non lo convalida nelle ventiquattro ore successive, il sequestro si intende revocato e privo d'ogni effetto.

La legge può stabilire, con norme di carattere generale, che siano resi noti i mezzi di finanziamento della stampa periodica.

Sono vietate le pubblicazioni a stampa, gli spettacoli e tutte le altre manifestazioni contrarie al buon costume. La legge stabilisce provvedimenti adeguati a prevenire e a reprimere le violazioni.

Art. 22

Nessuno può essere privato, per motivi politici, della capacità giuridica, della cittadinanza, del nome.

Art. 23

Nessuna prestazione personale o patrimoniale può essere imposta se non in base alla legge.

Art. 24

Tutti possono agire in giudizio per la tutela dei propri diritti e interessi legittimi.

La difesa è diritto inviolabile in ogni stato e grado del procedimento.

Sono assicurati ai non abbienti, con appositi istituti, i mezzi per agire e difendersi davanti ad ogni giurisdizione.

La legge determina le condizioni e i modi per la riparazione degli errori giudiziari.

Art. 25

Nessuno può essere distolto dal giudice naturale precostituito per legge.

Nessuno può essere punito se non in forza di una legge che sia entrata in vigore prima del fatto commesso.

Nessuno può essere sottoposto a misure di sicurezza se non nei casi previsti dalla legge.

Art. 26

L'estradizione del cittadino può essere consentita soltanto ove sia espressamente prevista dalle convenzioni internazionali.

Non può in alcun caso essere ammessa per reati politici[4].

Art. 27

La responsabilità penale è personale.

L'imputato non è considerato colpevole sino alla condanna definitiva.

Le pene non possono consistere in trattamenti contrari al senso di umanità e devono tendere alla rieducazione del condannato.

Non è ammessa la pena di morte[5].

Art. 28

I funzionari e i dipendenti dello Stato e degli enti pubblici sono direttamente responsabili, secondo le leggi penali, civili e amministrative, degli atti compiuti in violazione di diritti. In tali casi la responsabilità civile si estende allo Stato e agli enti pubblici.

---

[4] La legge costituzionale 21 giugno 1967, n. 1, ha disposto che l'ultimo comma dell'art. 10 e l'ultimo comma dell'art. 26 della Costituzione non si applicano ai delitti di genocidio.

[5] L'art. 27 comma 4 è stato modificato dall'art. 1 della legge costituzionale 2 ottobre 2007, n. 1 (G.U. n. 236 del 10 ottobre 2007).

Il testo originario dell'articolo era il seguente:

«Non è ammessa la pena di morte, se non nei casi previsti dalle leggi militari di guerra».

35

Titolo II. Rapporti etico-sociali

Art. 29

La Repubblica riconosce i diritti della famiglia come società naturale fondata sul matrimonio.

Il matrimonio è ordinato sull'eguaglianza morale e giuridica dei coniugi, con i limiti stabiliti dalla legge a garanzia dell'unità familiare.

Art. 30

È dovere e diritto dei genitori, mantenere, istruire ed educare i figli, anche se nati fuori del matrimonio.

Nei casi di incapacità dei genitori, la legge provvede a che siano assolti i loro compiti.

La legge assicura ai figli nati fuori dal matrimonio ogni tutela giuridica e sociale, compatibile con i diritti dei membri della famiglia legittima.

La legge detta le norme e i limiti per la ricerca della paternità.

Art. 31

La Repubblica agevola con misure economiche e altre provvidenze la formazione della famiglia e l'adempimento dei compiti relativi, con particolare riguardo alle famiglie numerose.

Protegge la maternità e l'infanzia e la gioventù, favorendo gli istituti necessari a tale scopo.

Art. 32

La Repubblica tutela la salute come fondamentale diritto dell'individuo e interesse della collettività, e garantisce cure gratuite agli indigenti.

Nessuno può essere obbligato a un determinato trattamento sanitario se non per disposizione di legge. La legge non può in nessun caso violare i limiti imposti dal rispetto della persona umana.

Art. 33

L'arte e la scienza sono libere e libero ne è l'insegnamento.

La Repubblica detta le norme generali sull'istruzione ed istituisce scuole statali per tutti gli ordini e gradi.

Enti e privati hanno il diritto di istituire scuole ed istituti di educazione, senza oneri per lo Stato.

La legge, nel fissare i diritti e gli obblighi delle scuole non statali che chiedono la parità, deve assicurare ad esse piena libertà e ai loro alunni un trattamento scolastico equipollente a quello degli alunni di scuole statali.

È prescritto un esame di Stato per la ammissione ai vari ordini e gradi di scuole o per la conclusione di essi e per l'abilitazione all'esercizio professionale.

Le istituzioni di alta cultura, università ed accademie, hanno il diritto di darsi ordinamenti autonomi nei limiti stabiliti dalle leggi dello Stato.

Art. 34

La scuola è aperta a tutti.

L'istruzione inferiore, impartita per almeno otto anni, è obbligatoria e gratuita.

I capaci e meritevoli, anche se privi di mezzi, hanno diritto di raggiungere i gradi più alti degli studi.

La Repubblica rende effettivo questo diritto con borse di studio, assegni alle famiglie ed altre provvidenze, che devono essere attribuite per concorso.

Titolo III. Rapporti economici

Art. 35

La Repubblica tutela il lavoro in tutte le sue forme ed applicazioni.

Cura la formazione e l'elevazione professionale dei lavoratori.

Promuove e favorisce gli accordi e le organizzazioni internazionali intesi ad affermare e regolare i diritti del lavoro.

Riconosce la libertà di emigrazione, salvo gli obblighi stabiliti dalla legge nell'interesse generale, e tutela il lavoro italiano all'estero.

Art. 36

Il lavoratore ha diritto ad una retribuzione proporzionata alla quantità e qualità del suo lavoro e in ogni caso sufficiente ad assicurare a sé e alla famiglia un'esistenza libera e dignitosa.

La durata massima della giornata lavorativa è stabilita dalla legge.

Il lavoratore ha diritto al riposo settimanale e a ferie annuali retribuite, e non può rinunziarvi.

Art. 37

La donna lavoratrice ha gli stessi diritti e, a parità di lavoro, le stesse retribuzioni che spettano al lavoratore. Le condizioni di lavoro devono consentire l'adempimento della sua essenziale funzione familiare e assicurare alla madre e al bambino una speciale e adeguata protezione.

La legge stabilisce il limite minimo di età per il lavoro salariato.

La Repubblica tutela il lavoro dei minori con speciali norme e garantisce ad essi, a parità di lavoro, il diritto alla parità di retribuzione.

Art. 38

Ogni cittadino inabile al lavoro e sprovvisto dei mezzi necessari per vivere ha diritto al mantenimento e all'assistenza sociale.

I lavoratori hanno diritto che siano preveduti ed assicurati mezzi adeguati alle loro esigenze di vita in caso di infortunio, malattia, invalidità e vecchiaia, disoccupazione involontaria.

Gli inabili ed i minorati hanno diritto all'educazione e all'avviamento professionale.

Ai compiti previsti in questo articolo provvedono organi ed istituti predisposti o integrati dallo Stato.

L'assistenza privata è libera.

Art. 39

L'organizzazione sindacale è libera.

Ai sindacati non può essere imposto altro obbligo se non la loro registrazione presso uffici locali o centrali, secondo le norme di legge.

È condizione per la registrazione che gli statuti dei sindacati sanciscano un ordinamento interno a base democratica.

I sindacati registrati hanno personalità giuridica. Possono, rappresentati unitariamente in proporzione dei loro iscritti, stipulare contratti collettivi di lavoro con efficacia obbligatoria per tutti gli appartenenti alle categorie alle quali il contratto si riferisce.

Art. 40

Il diritto di sciopero si esercita nell'ambito delle leggi che lo regolano.

Art. 41

L'iniziativa economica privata è libera.

Non può svolgersi in contrasto con l'utilità sociale o in modo da recare danno alla salute, all'ambiente, alla sicurezza, alla libertà, alla dignità umana[6].

La legge determina i programmi e i controlli opportuni perché l'attività economica pubblica e privata possa essere indirizzata e coordinata a fini sociali e ambientali[7].

Art. 42

La proprietà è pubblica o privata. I beni economici appartengono allo Stato, ad enti o a privati.

La proprietà privata è riconosciuta e garantita dalla legge, che ne determina i modi di acquisto, di godimento e i limiti allo scopo di assicurarne la funzione sociale e di renderla accessibile a tutti.

La proprietà privata può essere, nei casi preveduti dalla legge, e salvo indennizzo, espropriata per motivi d'interesse generale.

La legge stabilisce le norme ed i limiti della successione legittima e testamentaria e i diritti dello Stato sulle eredità.

---

[6] Comma così modificato dalla legge costituzionale 11 febbraio 2022, n.1, (GU Serie Generale n.44 del 22-02-2022).

[7] Comma così modificato dalla legge costituzionale 11 febbraio 2022, n.1, (GU Serie Generale n.44 del 22-02-2022).

Art. 43

A fini di utilità generale la legge può riservare originariamente o trasferire, mediante espropriazione e salvo indennizzo, allo Stato, ad enti pubblici o a comunità di lavoratori o di utenti, determinate imprese o categorie di imprese, che si riferiscano a servizi pubblici essenziali o a fonti di energia o a situazioni di monopolio ed abbiano carattere di preminente interesse generale.

Art. 44

Al fine di conseguire il razionale sfruttamento del suolo e di stabilire equi rapporti sociali, la legge impone obblighi e vincoli alla proprietà terriera privata, fissa limiti alla sua estensione secondo le regioni e le zone agrarie, promuove ed impone la bonifica delle terre, la trasformazione del latifondo e la ricostituzione delle unità produttive; aiuta la piccola e la media proprietà.
La legge dispone provvedimenti a favore delle zone montane.

Art. 45

La Repubblica riconosce la funzione sociale della cooperazione a carattere di mutualità e senza fini di speculazione privata. La legge ne promuove e favorisce l'incremento con i mezzi più idonei e ne assicura, con gli opportuni controlli, il carattere e le finalità.
La legge provvede alla tutela e allo sviluppo dell'artigianato.

Art. 46

Ai fini della elevazione economica e sociale del lavoro e in armonia con le esigenze della produzione, la Repubblica riconosce il diritto dei lavoratori a collaborare, nei modi e nei limiti stabiliti dalle leggi, alla gestione delle aziende.

Art. 47

La Repubblica incoraggia e tutela il risparmio in tutte le sue forme; disciplina, coordina e controlla l'esercizio del credito.
Favorisce l'accesso del risparmio popolare alla proprietà dell'abitazione, alla proprietà diretta coltivatrice e al diretto e indiretto investimento azionario nei grandi complessi produttivi del Paese.

Art. 48

Sono elettori tutti i cittadini, uomini e donne, che hanno raggiunto la maggiore età.

Il voto è personale ed eguale, libero e segreto. Il suo esercizio è dovere civico.

La legge stabilisce requisiti e modalità per l'esercizio del diritto di voto dei cittadini residenti all'estero e ne assicura l'effettività. A tale fine è istituita una circoscrizione Estero per l'elezione delle Camere, alla quale sono assegnati seggi nel numero stabilito da norma costituzionale e secondo criteri determinati dalla legge[8].

Il diritto di voto non può essere limitato se non per incapacità civile o per effetto di sentenza penale irrevocabile o nei casi di indegnità morale indicati dalla legge.

---

[8] Comma introdotto dalla legge costituzionale 17 gennaio 2000, n. 1 (G.U. n. 15 del 20 gennaio 2000).

L'art. 3 della legge costituzionale 23 gennaio 2001, n. 1, ha, inoltre, disposto, in via transitoria, quanto segue:

"1. In sede di prima applicazione della presente legge costituzionale ai sensi del terzo comma dell'articolo 48 della Costituzione, la stessa legge che stabilisce le modalità di attribuzione dei seggi assegnati alla circoscrizione Estero stabilisce, altresì, le modificazioni delle norme per l'elezione delle Camere conseguenti alla variazione del numero dei seggi assegnati alle circoscrizioni del territorio nazionale.

2. In caso di mancata approvazione della legge di cui al comma 1, si applica la disciplina costituzionale anteriore."

Art. 49

Tutti i cittadini hanno diritto di associarsi liberamente in partiti per concorrere con metodo democratico a determinare la politica nazionale.

Art. 50

Tutti i cittadini possono rivolgere petizioni alle Camere per chiedere provvedimenti legislativi o esporre comuni necessità.

Art. 51

Tutti i cittadini dell'uno o dell'altro sesso possono accedere agli uffici pubblici e alle cariche elettive in condizioni di eguaglianza, secondo i requisiti stabiliti dalla legge. A tale fine la Repubblica promuove con appositi provvedimenti le pari opportunità tra donne e uomini[9].

La legge può, per l'ammissione ai pubblici uffici e alle cariche elettive, parificare ai cittadini gli italiani non appartenenti alla Repubblica.

Chi è chiamato a funzioni pubbliche elettive ha diritto di disporre del tempo necessario al loro adempimento e di conservare il suo posto di lavoro.

---

[9] L'art. 1 della legge costituzionale 30 maggio 2003, n. 1 (G.U. n. 134 del 12 giugno 2003) ha aggiunto un periodo al primo comma dell'art. 51.

Il testo originario del primo comma era il seguente:

"Tutti i cittadini dell'uno o dell'altro sesso possono accedere agli uffici pubblici e alle cariche elettive in condizioni di eguaglianza, secondo i requisiti stabiliti dalla legge."

Art. 52

La difesa della Patria è sacro dovere del cittadino.

Il servizio militare è obbligatorio nei limiti e modi stabiliti dalla legge. Il suo adempimento non pregiudica la posizione di lavoro del cittadino, né l'esercizio dei diritti politici.

L'ordinamento delle Forze armate si informa allo spirito democratico della Repubblica.

Art. 53

Tutti sono tenuti a concorrere alle spese pubbliche in ragione della loro capacità contributiva.

Il sistema tributario è informato a criteri di progressività.

Art. 54

Tutti i cittadini hanno il dovere di essere fedeli alla Repubblica e di osservarne la Costituzione e le leggi.

I cittadini cui sono affidate funzioni pubbliche hanno il dovere di adempierle, con disciplina ed onore, prestando giuramento nei casi stabiliti dalla legge.

PARTE SECONDA.
ORDINAMENTO DELLA REPUBBLICA

Titolo I. Il Parlamento

Sezione I. Le Camere

Art. 55

Il Parlamento si compone della Camera dei deputati e del Senato della Repubblica.

Il Parlamento si riunisce in seduta comune dei membri delle due Camere nei soli casi stabiliti dalla Costituzione.

Art. 56

La Camera dei deputati è eletta a suffragio universale e diretto.

Il numero dei deputati è di quattrocento, otto dei quali eletti nella circoscrizione Estero[10].

Sono eleggibili a deputati tutti gli elettori che nel giorno delle elezioni hanno compiuto i venticinque anni di età.

La ripartizione dei seggi tra le circoscrizioni, fatto salvo il numero dei seggi assegnati alla circoscrizione Estero, si effettua dividendo il numero degli abitanti della Repubblica, quale risulta dall'ultimo censimento generale della popolazione, per trecentonovantadue[11] e distribuendo i seggi in proporzione alla popolazione di

---

[10] Comma così modificato dalla legge costituzionale 19 ottobre 2020, n.1 sulla riduzione del numero dei parlamentari.

[11] Comma così modificato dalla legge costituzionale 19 ottobre 2020, n.1 sulla riduzione del numero dei parlamentari (GU Serie Generale n.261 del 21-10-2020).

ogni circoscrizione, sulla base dei quozienti interi e dei più alti resti[12].

---

[12] L'art. 56 è stato sostituito dapprima dall'art. 1 della legge costituzionale 9 febbraio 1963, n. 2 (G.U. n. 40 del 12 febbraio 1963) e, successivamente, dalla legge costituzionale 19 ottobre 2020, n.1 sulla riduzione del numero dei parlamentari (GU Serie Generale n.261 del 21-10-2020).

Il testo originario dell'articolo era il seguente:

«La Camera dei deputati è eletta a suffragio universale e diretto, in ragione di un deputato per ottantamila abitanti o per frazione superiore a quarantamila.

Sono eleggibili a deputati tutti gli elettori che nel giorno delle elezioni hanno compiuto i venticinque anni di età».

In seguito, l'art. 1 della legge costituzionale 23 gennaio 2001, n. 1, (G.U. n. 19 del 24 gennaio 2001), ha modificato l'art. 56. Il testo dell'articolo 56, come sostituito dalla legge costituzionale 9 febbraio 1963, n. 2, era il seguente:

«La Camera dei deputati è eletta a suffragio universale e diretto.

Il numero dei deputati è di seicentotrenta.

Sono eleggibili a deputati tutti gli elettori che nel giorno della elezione hanno compiuto i venticinque anni di età.

La ripartizione dei seggi tra le circoscrizioni si effettua dividendo il numero degli abitanti della Repubblica, quale risulta dall'ultimo censimento generale della popolazione, per seicentotrenta e distribuendo i seggi in proporzione alla popolazione di ogni circoscrizione, sulla base dei quozienti interi e dei più alti resti».

L'art. 3 della legge costituzionale 23 gennaio 2001, n. 1, ha, inoltre, disposto, in via transitoria, quanto segue:

"1. In sede di prima applicazione della presente legge costituzionale ai sensi del terzo comma dell'articolo 48 della Costituzione, la stessa legge che stabilisce le modalità di attribuzione dei seggi assegnati alla circoscrizione Estero stabilisce, altresì, le modificazioni delle norme per l'elezione delle Camere conseguenti alla variazione del numero dei seggi assegnati alle circoscrizioni del territorio nazionale.

2. In caso di mancata approvazione della legge di cui al comma 1, si applica la disciplina costituzionale anteriore."

Art. 57

Il Senato della Repubblica è eletto a base regionale, salvi i seggi assegnati alla circoscrizione Estero.

Il numero dei senatori elettivi è di duecento, quattro dei quali eletti nella circoscrizione Estero[13].

Nessuna Regione o Provincia autonoma può avere un numero di senatori inferiore a tre; il Molise ne ha due, la Valle d'Aosta uno[14].

La ripartizione dei seggi tra le Regioni o delle Province autonome, previa applicazione delle disposizioni del precedente comma, si effettua in proporzione alla loro popolazione[15], quale risulta dall'ultimo censimento generale, sulla base dei quozienti interi e dei più alti resti[16].

---

[13] Comma così modificato dalla legge costituzionale 19 ottobre 2020, n.1 sulla riduzione del numero dei parlamentari (GU Serie Generale n.261 del 21-10-2020).

[14] Comma così modificato dalla legge costituzionale 19 ottobre 2020, n.1 sulla riduzione del numero dei parlamentari (GU Serie Generale n.261 del 21-10-2020).

[15] Comma così modificato dalla legge costituzionale 19 ottobre 2020, n.1 sulla riduzione del numero dei parlamentari (GU Serie Generale n.261 del 21-10-2020).

[16] L'art. 57 è stato dapprima sostituito dall'art. 2 della legge costituzionale 9 febbraio 1963, n. 2, poi modificato una prima volta dall'art. 2 della legge costituzionale 27 dicembre 1963, n. 3, modificato una seconda volta dall'art. 2 dalla legge costituzionale 23 gennaio 2001, n. 1 ed, infine, dalla legge costituzionale 19 ottobre 2020, n.1 sulla riduzione del numero dei parlamentari (GU Serie Generale n.261 del 21-10-2020).

Il testo dell'articolo nella versione originaria era il seguente:

«Il Senato della Repubblica è eletto a base regionale.

A ciascuna Regione è attribuito un senatore per duecentomila abitanti o per frazione superiore a centomila.

Nessuna Regione può avere un numero di senatori inferiore a sei. La Valle d'Aosta ha un solo senatore».

Il testo dell'articolo 57 come sostituito dall'art. 2 della legge n. 2 del 1963 così disponeva:

Art. 58

I senatori sono eletti a suffragio universale e diretto[17].
Sono eleggibili a senatori gli elettori che hanno compiuto il quarantesimo anno.

«Il Senato della Repubblica è eletto a base regionale.

Il numero dei senatori elettivi è di trecentoquindici.

Nessuna Regione può avere un numero di senatori inferiore a sette. La Valle d'Aosta uno.

La ripartizione dei seggi tra le Regioni, previa applicazione delle disposizioni del precedente comma, si effettua in proporzione alla popolazione delle regioni, quale risulta dall'ultimo censimento generale, sulla base di quozienti interi e dei più alti resti».

Si segnala inoltre che con la legge costituzionale 9 marzo 1961, n. 1, si è provveduto all'assegnazione di tre senatori ai comuni di Trieste, Duino Aurisina, Monrupino, Muggia, San Dorligo della Valle e Sgonico.

L'art. 57 è stato poi modificato dalla legge costituzionale 23 gennaio 2001, n. 1. Il testo dell'art. 57, come modificato dalla legge costituzionale 27 dicembre 1963, n. 3, era il seguente:

«Il Senato della Repubblica è eletto a base regionale.

Il numero dei senatori elettivi è di trecentoquindici.

Nessuna Regione può avere un numero di senatori inferiore a sette; il Molise ne ha due, la Valle d'Aosta uno.

La ripartizione dei seggi fra le Regioni, previa applicazione delle disposizioni del precedente comma, si effettua in proporzione alla popolazione delle Regioni, quale risulta dall'ultimo censimento generale, sulla base dei quozienti interi e dei più alti resti».

L'art. 3 della legge costituzionale 23 gennaio 2001, n. 1, ha, inoltre, disposto, in via transitoria, quanto segue:

"1. In sede di prima applicazione della presente legge costituzionale ai sensi del terzo comma dell'articolo 48 della Costituzione, la stessa legge che stabilisce le modalità di attribuzione dei seggi assegnati alla circoscrizione Estero stabilisce, altresì, le modificazioni delle norme per l'elezione delle Camere conseguenti alla variazione del numero dei seggi assegnati alle circoscrizioni del territorio nazionale.

2. In caso di mancata approvazione della legge di cui al comma 1, si applica la disciplina costituzionale anteriore."

[17] Comma così modificato dalla legge costituzionale 18 ottobre 2021, n.1, sul voto dei diciottenni al Senato (GU Serie Generale, n. 251 del 20/10/2021).

Art. 59

È senatore di diritto e a vita, salvo rinunzia, chi è stato Presidente della Repubblica.

Il Presidente della Repubblica può nominare senatori a vita cittadini che hanno illustrato la Patria per altissimi meriti nel campo sociale, scientifico, artistico e letterario. Il numero complessivo dei senatori in carica nominati dal Presidente della Repubblica non può in alcun caso essere superiore a cinque[18].

Art. 60

La Camera dei deputati e il Senato della Repubblica sono eletti per cinque anni[19].

La durata di ciascuna Camera non può essere prorogata se non per legge e soltanto in caso di guerra.

Art. 61

Le elezioni delle nuove Camere hanno luogo entro settanta giorni dalla fine delle precedenti. La prima riunione ha luogo non oltre il ventesimo giorno dalle elezioni.

Finché non siano riunite le nuove Camere sono prorogati i poteri delle precedenti.

---

[18] Comma così modificato dalla legge costituzionale 19 ottobre 2020, n.1 sulla riduzione del numero dei parlamentari (GU Serie Generale n.261 del 21-10-2020).

[19] L'art. 60 è stato sostituito dall'art. 3 della legge costituzionale 9 febbraio 1963, n. 2.

Il testo originario dell'articolo era il seguente:

«La Camera dei deputati è eletta per cinque anni, il Senato della Repubblica per sei.

La durata di ciascuna Camera non può essere prorogata se non per legge e soltanto in caso di guerra».

Art. 62

Le Camere si riuniscono di diritto il primo giorno non festivo di febbraio e di ottobre.

Ciascuna Camera può essere convocata in via straordinaria per iniziativa del suo Presidente o del Presidente della Repubblica o di un terzo dei suoi componenti.

Quando si riunisce in via straordinaria una Camera, è convocata di diritto anche l'altra.

Art. 63

Ciascuna Camera elegge fra i suoi componenti il Presidente e l'Ufficio di presidenza.

Quando il Parlamento si riunisce in seduta comune, il Presidente e l'Ufficio di presidenza sono quelli della Camera dei deputati.

Art. 64

Ciascuna Camera adotta il proprio regolamento a maggioranza assoluta dei suoi componenti.

Le sedute sono pubbliche: tuttavia ciascuna delle due Camere e il Parlamento a Camere riunite possono deliberare di adunarsi in seduta segreta.

Le deliberazioni di ciascuna Camera e del Parlamento non sono valide se non è presente la maggioranza dei loro componenti, e se non sono adottate a maggioranza dei presenti, salvo che la Costituzione prescriva una maggioranza speciale.

I membri del Governo, anche se non fanno parte delle Camere, hanno diritto, e se richiesti obbligo, di assistere alle sedute. Devono essere sentiti ogni volta che lo richiedono.

Art. 65

La legge determina i casi di ineleggibilità e di incompatibilità con l'ufficio di deputato o di senatore. Nessuno può appartenere contemporaneamente alle due Camere.

Art. 66

Ciascuna Camera giudica dei titoli di ammissione dei suoi componenti e delle cause sopraggiunte di ineleggibilità e di incompatibilità.

Art. 67

Ogni membro del Parlamento rappresenta la Nazione ed esercita le sue funzioni senza vincolo di mandato.

Art. 68

I membri del Parlamento non possono essere chiamati a rispondere delle opinioni espresse e dei voti dati nell'esercizio delle loro funzioni.

Senza autorizzazione della Camera alla quale appartiene, nessun membro del Parlamento può essere sottoposto a perquisizione personale o domiciliare, né può essere arrestato o altrimenti privato della libertà personale, o mantenuto in detenzione, salvo che in esecuzione di una sentenza irrevocabile di condanna, ovvero se sia colto nell'atto di commettere un delitto per il quale è previsto l'arresto obbligatorio in flagranza.

Analoga autorizzazione è richiesta per sottoporre i membri del Parlamento ad intercettazioni, in qualsiasi forma, di conversazioni o comunicazioni e a sequestro di corrispondenza[20].

---

[20] L'art. 68 è stato sostituito dall'art. 1 della legge costituzionale 29 ottobre 1993, n. 3 (G.U. n. 256 del 30 ottobre 1993).

Art. 69

I membri del Parlamento ricevono una indennità stabilita dalla legge.

Sezione II. La formazione delle leggi

Art. 70

La funzione legislativa è esercitata collettivamente dalle due Camere.

Art. 71

L'iniziativa delle leggi appartiene al Governo, a ciascun membro delle Camere ed agli organi ed enti ai quali sia conferita da legge costituzionale.
Il popolo esercita l'iniziativa delle leggi, mediante la proposta, da parte di almeno cinquantamila elettori, di un progetto redatto in articoli.

Art. 72

Ogni disegno di legge, presentato ad una Camera è, secondo le norme del suo regolamento, esaminato da

---

Il testo originario dell'articolo era il seguente:
«I membri del Parlamento non possono essere perseguiti per le opinioni espresse e per i voti dati nell'esercizio delle loro funzioni.

Senza autorizzazione della Camera alla quale appartiene, nessun membro del Parlamento può essere sottoposto a procedimento penale; né può essere arrestato, o altrimenti privato della libertà personale, o sottoposto a perquisizione personale o domiciliare, salvo che sia colto nell'atto di commettere un delitto per il quale è obbligatorio il mandato o l'ordine di cattura.

Eguale autorizzazione è richiesta per trarre in arresto o mantenere in detenzione un membro del Parlamento in esecuzione di una sentenza anche irrevocabile».

una commissione e poi dalla Camera stessa, che l'approva articolo per articolo e con votazione finale.

Il regolamento stabilisce procedimenti abbreviati per i disegni di legge dei quali è dichiarata l'urgenza.

Può altresì stabilire in quali casi e forme l'esame e l'approvazione dei disegni di legge sono deferiti a commissioni, anche permanenti, composte in modo da rispecchiare la proporzione dei gruppi parlamentari. Anche in tali casi, fino al momento della sua approvazione definitiva, il disegno di legge è rimesso alla Camera, se il Governo o un decimo dei componenti della Camera o un quinto della commissione richiedono che sia discusso e votato dalla Camera stessa oppure che sia sottoposto alla sua approvazione finale con sole dichiarazioni di voto. Il regolamento determina le forme di pubblicità dei lavori delle commissioni.

La procedura normale di esame e di approvazione diretta da parte della Camera è sempre adottata per i disegni di legge in materia costituzionale ed elettorale e per quelli di delegazione legislativa, di autorizzazione a ratificare trattati internazionali, di approvazione di bilanci e consuntivi.

Art. 73

Le leggi sono promulgate dal Presidente della Repubblica entro un mese dall'approvazione.

Se le Camere, ciascuna a maggioranza assoluta dei propri componenti, ne dichiarano l'urgenza, la legge è promulgata nel termine da essa stabilito.

Le leggi sono pubblicate subito dopo la promulgazione ed entrano in vigore il quindicesimo giorno successivo alla loro pubblicazione, salvo che le leggi stesse stabiliscano un termine diverso.

Art. 74

Il Presidente della Repubblica, prima di promulgare la legge, può con messaggio motivato alle Camere chiedere una nuova deliberazione.

Se le Camere approvano nuovamente la legge, questa deve essere promulgata.

Art. 75

È indetto referendum popolare per deliberare l'abrogazione, totale o parziale, di una legge o di un atto avente valore di legge, quando lo richiedono cinquecentomila elettori o cinque Consigli regionali.

Non è ammesso il referendum per le leggi tributarie e di bilancio, di amnistia e di indulto, di autorizzazione a ratificare trattati internazionali.

Hanno diritto di partecipare al referendum tutti i cittadini chiamati ad eleggere la Camera dei deputati.

La proposta soggetta a referendum è approvata se ha partecipato alla votazione la maggioranza degli aventi diritto, e se è raggiunta la maggioranza dei voti validamente espressi.

La legge determina le modalità di attuazione del referendum.

Art. 76

L'esercizio della funzione legislativa non può essere delegato al Governo se non con determinazione di principi e criteri direttivi e soltanto per tempo limitato e per oggetti definiti.

Art. 77

Il Governo non può, senza delegazione delle Camere, emanare decreti che abbiano valore di legge ordinaria.

Quando, in casi straordinari di necessità e d'urgenza, il Governo adotta, sotto la sua responsabilità, provvedimenti provvisori con forza di legge, deve il giorno stesso presentarli per la conversione alle Camere che, anche se sciolte, sono appositamente convocate e si riuniscono entro cinque giorni.

I decreti perdono efficacia sin dall'inizio, se non sono convertiti in legge entro sessanta giorni dalla loro pubblicazione. Le Camere possono tuttavia regolare con legge i rapporti giuridici sorti sulla base dei decreti non convertiti.

Art. 78

Le Camere deliberano lo stato di guerra e conferiscono al Governo i poteri necessari.

Art. 79

L'amnistia e l'indulto sono concessi con legge deliberata a maggioranza dei due terzi dei componenti di ciascuna Camera, in ogni suo articolo e nella votazione finale.

La legge che concede l'amnistia o l'indulto stabilisce il termine per la loro applicazione.

In ogni caso l'amnistia e l'indulto non possono applicarsi ai reati commessi successivamente alla presentazione del disegno di legge[21].

---

[21] L'art. 79 è stato sostituito dall'art. 1 della legge costituzionale 6 marzo 1992, n. 1 (G.U. n. 57 del 9 marzo 1992).

Il testo originario dell'articolo era il seguente:

«L'amnistia e l'indulto sono concessi dal Presidente della Repubblica su legge di delegazione delle Camere.

Non possono applicarsi ai reati commessi successivamente alla proposta di delegazione».

Art. 80

Le Camere autorizzano con legge la ratifica dei trattati internazionali che sono di natura politica, o prevedono arbitrati o

Art. 81

Lo Stato assicura l'equilibrio tra le entrate e le spese del proprio bilancio, tenendo conto delle fasi avverse e delle fasi favorevoli del ciclo economico.

Il ricorso all'indebitamento è consentito solo al fine di considerare gli effetti del ciclo economico e, previa autorizzazione delle Camere adottata a maggioranza assoluta dei rispettivi componenti, al verificarsi di eventi eccezionali.

Ogni legge che importi nuovi o maggiori oneri provvede ai mezzi per farvi fronte.

Le Camere ogni anno approvano con legge il bilancio e il rendiconto consuntivo presentati dal Governo.

L'esercizio provvisorio del bilancio non può essere concesso se non per legge e per periodi non superiori complessivamente a quattro mesi.

Il contenuto della legge di bilancio, le norme fondamentali e i criteri volti ad assicurare l'equilibrio tra le entrate e le spese dei bilanci e la sostenibilità del debito del complesso delle pubbliche amministrazioni sono stabiliti con legge approvata a maggioranza assoluta dei componenti di ciascuna Camera, nel rispetto dei princìpi definiti con legge costituzionale[22].

---

regolamenti giudiziari, o importano variazioni del territorio od oneri alle finanze o modificazioni di leggi.

[22] L'art. 81 è stato sostituito dall'art. 1 della legge costituzionale 20 aprile 2012, n. 1.

Il testo originario dell'articolo era il seguente:

«Le Camere approvano ogni anno i bilanci e il rendiconto consuntivo presentati dal Governo.

L'esercizio provvisorio del bilancio non può essere concesso se non per legge e per periodi non superiori complessivamente a quattro mesi.

Con la legge di approvazione del bilancio non si possono stabilire nuovi tributi e nuove spese.

Ogni altra legge che importi nuove e maggiori spese deve indicare i mezzi per farvi fronte».

L'articolo 5 della legge costituzionale 20 aprile 2012, n. 1, ha, inoltre, disposto quanto segue:

"1. La legge di cui all'articolo 81, sesto comma, della Costituzione, come sostituito dall'articolo 1 della presente legge costituzionale, disciplina, per il complesso delle pubbliche amministrazioni, in particolare:

a) le verifiche, preventive e consuntive, sugli andamenti di finanza pubblica;

b) l'accertamento delle cause degli scostamenti rispetto alle previsioni, distinguendo tra quelli dovuti all'andamento del ciclo economico, all'inefficacia degli interventi e agli eventi eccezionali;

c) il limite massimo degli scostamenti negativi cumulati di cui alla lettera b) del presente comma corretti per il ciclo economico rispetto al prodotto interno lordo, al superamento del quale occorre intervenire con misure di correzione;

d) la definizione delle gravi recessioni economiche, delle crisi finanziarie e delle gravi calamità naturali quali eventi eccezionali, ai sensi dell'articolo 81, secondo comma, della Costituzione, come sostituito dall'articolo 1 della presente legge costituzionale, al verificarsi dei quali sono consentiti il ricorso all'indebitamento non limitato a tenere conto degli effetti del ciclo economico e il superamento del limite massimo di cui alla lettera c) del presente comma sulla base di un piano di rientro;

e) l'introduzione di regole sulla spesa che consentano di salvaguardare gli equilibri di bilancio e la riduzione del rapporto tra debito pubblico e prodotto interno lordo nel lungo periodo, in coerenza con gli obiettivi di finanza pubblica;

f) l'istituzione presso le Camere, nel rispetto della relativa autonomia costituzionale, di un organismo indipendente al quale attribuire compiti di analisi e verifica degli andamenti di finanza pubblica e di valutazione dell'osservanza delle regole di bilancio;

g) le modalità attraverso le quali lo Stato, nelle fasi avverse del ciclo economico o al verificarsi degli eventi eccezionali di cui alla lettera d) del presente comma, anche in deroga all'articolo 119 della Costituzione, concorre ad assicurare il finanziamento, da parte degli altri livelli di governo, dei livelli essenziali delle prestazioni e delle funzioni fondamentali inerenti ai diritti civili e sociali.

2. La legge di cui al comma 1 disciplina altresì:

a) il contenuto della legge di bilancio dello Stato;

Art. 82

Ciascuna Camera può disporre inchieste su materie di pubblico interesse.

A tale scopo nomina fra i propri componenti una commissione formata in modo da rispecchiare la proporzione dei vari gruppi. La commissione di inchiesta procede alle indagini e agli esami con gli stessi poteri e le stesse limitazioni della autorità giudiziaria.

---

b) la facoltà dei Comuni, delle Province, delle Città metropolitane, delle Regioni e delle Province autonome di Trento e di Bolzano di ricorrere all'indebitamento, ai sensi dell'articolo 119, sesto comma, secondo periodo, della Costituzione, come modificato dall'articolo 4 della presente legge costituzionale;

c) le modalità attraverso le quali i Comuni, le Province, le Città metropolitane, le Regioni e le Province autonome di Trento e di Bolzano concorrono alla sostenibilità del debito del complesso delle pubbliche amministrazioni.

3. La legge di cui ai commi 1 e 2 è approvata entro il 28 febbraio 2013.

4. Le Camere, secondo modalità stabilite dai rispettivi regolamenti, esercitano la funzione di controllo sulla finanza pubblica con particolare riferimento all'equilibrio tra entrate e spese nonché alla qualità e all'efficacia della spesa delle pubbliche amministrazioni."

L'articolo 6 della legge costituzionale 20 aprile 2012, n. 1, stabilisce che le disposizioni della medesima legge costituzionale si applicano a decorrere dall'esercizio finanziario relativo all'anno 2014.

Titolo II. Il Presidente della Repubblica

Art. 83

Il Presidente della Repubblica è eletto dal Parlamento in seduta comune dei suoi membri.

All'elezione partecipano tre delegati per ogni Regione eletti dal Consiglio regionale in modo che sia assicurata la rappresentanza delle minoranze. La Valle d'Aosta ha un solo delegato.

L'elezione del Presidente della Repubblica ha luogo per scrutinio segreto a maggioranza di due terzi della assemblea. Dopo il terzo scrutinio è sufficiente la maggioranza assoluta.

Art. 84

Può essere eletto Presidente della Repubblica ogni cittadino che abbia compiuto cinquanta anni di età e goda dei diritti civili e politici.

L'ufficio di Presidente della Repubblica è incompatibile con qualsiasi altra carica.

L'assegno e la dotazione del Presidente sono determinati per legge.

Art. 85

Il Presidente della Repubblica è eletto per sette anni.

Trenta giorni prima che scada il termine, il Presidente della Camera dei deputati convoca in seduta comune il Parlamento e i delegati regionali, per eleggere il nuovo Presidente della Repubblica.

Se le Camere sono sciolte, o manca meno di tre mesi alla loro cessazione, la elezione ha luogo entro quindici giorni dalla riunione delle Camere nuove. Nel frattempo sono prorogati i poteri del Presidente in carica.

Art. 86

Le funzioni del Presidente della Repubblica, in ogni caso che egli non possa adempierle, sono esercitate dal Presidente del Senato.

In caso di impedimento permanente o di morte o di dimissioni del Presidente della Repubblica, il Presidente della Camera dei deputati indice la elezione del nuovo Presidente della Repubblica entro quindici giorni, salvo il maggior termine previsto se le Camere sono sciolte o manca meno di tre mesi alla loro cessazione.

Art. 87

Il Presidente della Repubblica è il Capo dello Stato e rappresenta l'unità nazionale.

Può inviare messaggi alle Camere.

Indice le elezioni delle nuove Camere e ne fissa la prima riunione.

Autorizza la presentazione alle Camere dei disegni di legge di iniziativa del Governo.

Promulga le leggi ed emana i decreti aventi valore di legge e i regolamenti.

Indice il referendum popolare nei casi previsti dalla Costituzione.

Nomina, nei casi indicati dalla legge, i funzionari dello Stato.

Accredita e riceve i rappresentanti diplomatici, ratifica i trattati internazionali, previa, quando occorra, l'autorizzazione delle Camere.

Ha il comando delle Forze armate, presiede il Consiglio supremo di difesa costituito secondo la legge, dichiara lo stato di guerra deliberato dalle Camere.

Presiede il Consiglio superiore della magistratura.

Può concedere grazia e commutare le pene.

Conferisce le onorificenze della Repubblica.

Art. 88

Il Presidente della Repubblica può, sentiti i loro Presidenti, sciogliere le Camere o anche una sola di esse.

Non può esercitare tale facoltà negli ultimi sei mesi del suo mandato, salvo che essi coincidano in tutto o in parte con gli ultimi sei mesi della legislatura[23].

Art. 89

Nessun atto del Presidente della Repubblica è valido se non è controfirmato dai ministri proponenti, che ne assumono la responsabilità.

Gli atti che hanno valore legislativo e gli altri indicati dalla legge sono controfirmati anche dal Presidente del Consiglio dei ministri.

Art. 90

Il Presidente della Repubblica non è responsabile degli atti compiuti nell'esercizio delle sue funzioni, tranne che per alto tradimento o per attentato alla Costituzione. In tali casi è messo in stato di accusa dal Parlamento in seduta comune, a maggioranza assoluta dei suoi membri.

Art. 91

Il Presidente della Repubblica, prima di assumere le sue funzioni, presta giuramento di fedeltà alla Repubblica e di osservanza della Costituzione dinanzi al Parlamento in seduta comune.

---

[23] Il secondo comma dell'art. 88 è stato sostituito dall'art. 1 della legge costituzionale 4 novembre 1991, n. 1 (G.U. n. 262 dell'8 novembre 1991).

Il testo originario del comma era il seguente:

«Non può esercitare tale facoltà negli ultimi sei mesi del suo mandato».

Titolo III. Il Governo

Sezione I. Il Consiglio dei ministri

Art. 92

Il Governo della Repubblica è composto del Presidente del Consiglio e dei ministri, che costituiscono insieme il Consiglio dei ministri.

Il Presidente della Repubblica nomina il Presidente del Consiglio dei ministri e, su proposta di questo, i ministri.

Art. 93

Il Presidente del Consiglio dei ministri e i ministri, prima di assumere le funzioni, prestano giuramento nelle mani del Presidente della Repubblica.

Art. 94

Il Governo deve avere la fiducia delle due Camere.

Ciascuna Camera accorda o revoca la fiducia mediante mozione motivata e votata per appello nominale.

Entro dieci giorni dalla sua formazione il Governo si presenta alle Camere per ottenerne la fiducia.

Il voto contrario di una o di entrambe le Camere su una proposta del Governo non importa obbligo di dimissioni.

La mozione di sfiducia deve essere firmata da almeno un decimo dei componenti della Camera e non può essere messa in discussione prima di tre giorni dalla sua presentazione.

Art. 95

Il Presidente del Consiglio dei ministri dirige la politica generale del Governo e ne è responsabile. Mantiene l'unità di indirizzo politico ed amministrativo, promovendo e coordinando l'attività dei ministri.

I ministri sono responsabili collegialmente degli atti del Consiglio dei ministri, e individualmente degli atti dei loro dicasteri.

La legge provvede all'ordinamento della Presidenza del Consiglio e determina il numero, le attribuzioni e l'organizzazione dei ministeri.

Art. 96

Il Presidente del Consiglio dei ministri ed i ministri, anche se cessati dalla carica, sono sottoposti, per i reati commessi nell'esercizio delle loro funzioni, alla giurisdizione ordinaria, previa autorizzazione del Senato della Repubblica o della Camera dei deputati, secondo le norme stabilite con legge costituzionale[24].

Sezione II. La Pubblica Amministrazione

Art. 97

Le pubbliche amministrazioni, in coerenza con l'ordinamento dell'Unione europea, assicurano l'equilibrio dei bilanci e la sostenibilità del debito pubblico[25].

---

[24] L'articolo è stato sostituito dall'art. 1 della legge costituzionale 16 gennaio 1989, n. 1 (G.U. n. 13 del 17 gennaio 1989).

Il testo originario era il seguente:

«Il Presidente del Consiglio dei ministri e i ministri sono posti in stato d'accusa dal Parlamento in seduta comune per reati commessi nell'esercizio delle loro funzioni».

[25] Al primo comma dell'art. 97 è stato premesso un nuovo comma dall'art. 2 della legge costituzionale 20 aprile 2012, n. 1.

I pubblici uffici sono organizzati secondo disposizioni di legge, in modo che siano assicurati il buon andamento e la imparzialità dell'amministrazione.

Nell'ordinamento degli uffici sono determinate le sfere di competenza, le attribuzioni e le responsabilità proprie dei funzionari.

Agli impieghi nelle pubbliche amministrazioni si accede mediante concorso, salvo i casi stabiliti dalla legge.

Art. 98

I pubblici impiegati sono al servizio esclusivo della Nazione.

Se sono membri del Parlamento, non possono conseguire promozioni se non per anzianità.

Si possono con legge stabilire limitazioni al diritto d'iscriversi ai partiti politici per i magistrati, i militari di carriera in servizio attivo, i funzionari ed agenti di polizia, i rappresentanti diplomatici e consolari all'estero.

Sezione III. Gli organi ausiliari

Art. 99

Il Consiglio nazionale dell'economia e del lavoro è composto, nei modi stabiliti dalla legge, di esperti e di rappresentanti delle categorie produttive, in misura che

---

L'articolo 6 della legge costituzionale 20 aprile 2012, n. 1, stabilisce che le disposizioni della medesima legge costituzionale si applicano a decorrere dall'esercizio finanziario relativo all'anno 2014.

tenga conto della loro importanza numerica e qualitativa.

È organo di consulenza delle Camere e del Governo per le materie e secondo le funzioni che gli sono attribuite dalla legge.

Ha l'iniziativa legislativa e può contribuire alla elaborazione della legislazione economica e sociale secondo i principi ed entro i limiti stabiliti dalla legge.

Art. 100

Il Consiglio di Stato è organo di consulenza giuridico-amministrativa e di tutela della giustizia nell'amministrazione.

La Corte dei conti esercita il controllo preventivo di legittimità sugli atti del Governo, e anche quello successivo sulla gestione del bilancio dello Stato. Partecipa, nei casi e nelle forme stabilite dalla legge, al controllo sulla gestione finanziaria degli enti a cui lo Stato contribuisce in via ordinaria. Riferisce direttamente alle Camere sul risultato del riscontro eseguito.

La legge assicura l'indipendenza dei due istituti e dei loro componenti di fronte al Governo.

Titolo IV. La magistratura

Sezione I. Ordinamento giurisdizionale

Art. 101

La giustizia è amministrata in nome del popolo.
I giudici sono soggetti soltanto alla legge.

Art. 102

La funzione giurisdizionale è esercitata da magistrati ordinari istituiti e regolati dalle norme sull'ordinamento giudiziario.
Non possono essere istituiti giudici straordinari o giudici speciali. Possono soltanto istituirsi presso gli organi giudiziari ordinari sezioni specializzate per determinate materie, anche con la partecipazione di cittadini idonei estranei alla magistratura.
La legge regola i casi e le forme della partecipazione diretta del popolo all'amministrazione della giustizia.

Art. 103

Il Consiglio di Stato e gli altri organi di giustizia amministrativa hanno giurisdizione per la tutela nei confronti della pubblica amministrazione degli interessi legittimi e, in particolari materie indicate dalla legge, anche dei diritti soggettivi.
La Corte dei conti ha giurisdizione nelle materie di contabilità pubblica e nelle altre specificate dalla legge.
I tribunali militari in tempo di guerra hanno la giurisdizione stabilita dalla legge. In tempo di pace hanno giurisdizione soltanto per i reati militari commessi da appartenenti alle Forze armate.

Art. 104

La magistratura costituisce un ordine autonomo e indipendente da ogni altro potere.

Il Consiglio superiore della magistratura è presieduto dal Presidente della Repubblica.

Ne fanno parte di diritto il primo presidente e il procuratore generale della Corte di cassazione.

Gli altri componenti sono eletti per due terzi da tutti i magistrati ordinari tra gli appartenenti alle varie categorie, e per un terzo dal Parlamento in seduta comune tra professori ordinari di università in materie giuridiche ed avvocati dopo quindici anni di esercizio.

Il Consiglio elegge un vicepresidente fra i componenti designati dal Parlamento.

I membri elettivi del Consiglio durano in carica quattro anni e non sono immediatamente rieleggibili.

Non possono, finché sono in carica, essere iscritti, negli albi professionali, né far parte del Parlamento o di un Consiglio regionale.

Art. 105

Spettano al Consiglio superiore della magistratura, secondo le norme dell'ordinamento giudiziario, le assunzioni, le assegnazioni ed i trasferimenti, le promozioni e i provvedimenti disciplinari nei riguardi dei magistrati.

Art. 106

Le nomine dei magistrati hanno luogo per concorso.

La legge sull'ordinamento giudiziario può ammettere la nomina, anche elettiva, di magistrati onorari per tutte le funzioni attribuite a giudici singoli.

Su designazione del Consiglio superiore della magistratura possono essere chiamati all'ufficio di consiglieri di cassazione, per meriti insigni, professori ordinari di università in materie giuridiche e avvocati che abbiano quindici anni di esercizio e siano iscritti negli albi speciali per le giurisdizioni superiori.

Art. 107

I magistrati sono inamovibili. Non possono essere dispensati o sospesi dal servizio né destinati ad altre sedi o funzioni se non in seguito a decisione del Consiglio superiore della magistratura, adottata o per i motivi e con le garanzie di difesa stabilite dall'ordinamento giudiziario o con il loro consenso.
Il Ministro della giustizia ha facoltà di promuovere l'azione disciplinare.
I magistrati si distinguono fra loro soltanto per diversità di funzioni.
Il pubblico ministero gode delle garanzie stabilite nei suoi riguardi dalle norme sull'ordinamento giudiziario.

Art. 108

Le norme sull'ordinamento giudiziario e su ogni magistratura sono stabilite con legge.
La legge assicura l'indipendenza dei giudici delle giurisdizioni speciali, del pubblico ministero presso di esse, e degli estranei che partecipano all'amministrazione della giustizia.

Art. 109

L'autorità giudiziaria dispone direttamente della polizia giudiziaria.

Art. 110

Ferme le competenze del Consiglio superiore della magistratura, spettano al Ministro della giustizia l'organizzazione e il funzionamento dei servizi relativi alla giustizia.

Sezione II. Norme sulla giurisdizione

Art. 111

La giurisdizione si attua mediante il giusto processo regolato dalla legge.
Ogni processo si svolge nel contraddittorio tra le parti, in condizioni di parità, davanti a giudice terzo e imparziale. La legge ne assicura la ragionevole durata.
Nel processo penale, la legge assicura che la persona accusata di un reato sia, nel più breve tempo possibile, informata riservatamente della natura e dei motivi dell'accusa elevata a suo carico; disponga del tempo e delle condizioni necessari per preparare la sua difesa; abbia la facoltà, davanti al giudice, di interrogare o di far interrogare le persone che rendono dichiarazioni a suo carico, di ottenere la convocazione e l'interrogatorio di persone a sua difesa nelle stesse condizioni dell'accusa e l'acquisizione di ogni altro mezzo di prova a suo favore; sia assistita da un interprete se non comprende o non parla la lingua impiegata nel processo.
Il processo penale è regolato dal principio del contraddittorio nella formazione della prova. La colpevolezza dell'imputato non può essere provata sulla base di dichiarazioni rese da chi, per libera scelta, si è sempre volontariamente sottratto all'interrogatorio da parte dell'imputato o del suo difensore.
La legge regola i casi in cui la formazione della prova non ha luogo in contraddittorio per consenso

70

dell'imputato o per accertata impossibilità di natura oggettiva o per effetto di provata condotta illecita.

Tutti i provvedimenti giurisdizionali devono essere motivati.

Contro le sentenze e contro i provvedimenti sulla libertà personale, pronunciati dagli organi giurisdizionali ordinari o speciali, è sempre ammesso ricorso in cassazione per violazione di legge. Si può derogare a tale norma soltanto per le sentenze dei tribunali militari in tempo di guerra.

Contro le decisioni del Consiglio di Stato e della Corte dei conti il ricorso in cassazione è ammesso per i soli motivi inerenti alla giurisdizione[26].

Art. 112

Il pubblico ministero ha l'obbligo di esercitare l'azione penale.

Art. 113

Contro gli atti della pubblica amministrazione è sempre ammessa la tutela giurisdizionale dei diritti e degli interessi legittimi dinanzi agli organi di giurisdizione ordinaria o amministrativa.

Tale tutela giurisdizionale non può essere esclusa o limitata a particolari mezzi di impugnazione o per determinate categorie di atti.

---

[26] I primi cinque commi dell'art. 111 sono stati introdotti dalla legge costituzionale 23 novembre 1999, n. 2 (G.U. n. 300 del 23 dicembre 1999).

Si riporta di seguito l'art. 2 della legge costituzionale 23 novembre 1999, n. 2:

«1. La legge regola l'applicazione dei principi contenuti nella presente legge costituzionale ai procedimenti penali in corso alla data della sua entrata in vigore».

La legge determina quali organi di giurisdizione possono annullare gli atti della pubblica amministrazione nei casi e con gli effetti previsti dalla legge stessa.

Titolo V. Le Regioni, le Province, i Comuni

Art. 114

La Repubblica è costituita dai Comuni, dalle Province, dalle Città metropolitane, dalle Regioni e dallo Stato.

I Comuni, le Province, le Città metropolitane e le Regioni sono enti autonomi con propri statuti, poteri e funzioni secondo i principi fissati dalla Costituzione.

Roma è la capitale della Repubblica. La legge dello Stato disciplina il suo ordinamento[27].

Art. 115

(Abrogato)[28]

Art. 116

Il Friuli-Venezia Giulia, la Sardegna, la Sicilia, il Trentino-Alto Adige/Südtirol e la Valle d'Aosta/Vallée d'Aoste dispongono di forme e condizioni particolari di autonomia, secondo i rispettivi statuti speciali adottati con legge costituzionale.

La Regione Trentino-Alto Adige/Südtirol è costituita dalle Province autonome di Trento e di Bolzano.

Ulteriori forme e condizioni particolari di autonomia, concernenti le materie di cui al terzo comma dell'articolo 117 e le materie indicate dal secondo

---

[27] L'art. 114 è stato sostituito dall'art. 1 della legge costituzionale 18 ottobre 2001, n. 3 (G.U. n. 248 del 24 ottobre 2001).

Il testo originario dell'articolo era il seguente:

«La Repubblica si riparte in Regioni, Provincie e Comuni».

[28] L'art. 115 è stato abrogato dall'art. 9, comma 2, della legge costituzionale 18 ottobre 2001, n. 3. Il testo originario dell'articolo era il seguente:

«Le Regioni sono costituite in enti autonomi con propri poteri e funzioni secondo i principi fissati nella Costituzione».

comma del medesimo articolo alle lettere l), limitatamente all'organizzazione della giustizia di pace, n) e s), possono essere attribuite ad altre Regioni, con legge dello Stato, su iniziativa della Regione interessata, sentiti gli enti locali, nel rispetto dei principi di cui all'articolo 119. La legge è approvata dalle Camere a maggioranza assoluta dei componenti, sulla base di intesa fra lo Stato e la Regione interessata[29].

Art. 117

La potestà legislativa è esercitata dallo Stato e dalle Regioni nel rispetto della Costituzione, nonché dei vincoli derivanti dall'ordinamento comunitario e dagli obblighi internazionali.

Lo Stato ha legislazione esclusiva nelle seguenti materie:

a) politica estera e rapporti internazionali dello Stato; rapporti dello Stato con l'Unione europea; diritto di asilo e condizione giuridica dei cittadini di Stati non appartenenti all'Unione europea;

b) immigrazione;

c) rapporti tra la Repubblica e le confessioni religiose;

---

[29] L'art. 116 è stato sostituito dall'art. 2 della legge costituzionale 18 ottobre 2001, n. 3 (G.U. n. 248 del 24 ottobre 2001).

Il testo originario dell'articolo era il seguente:

«Alla Sicilia, alla Sardegna, al Trentino-Alto Adige, al Friuli-Venezia Giulia e alla Valle d'Aosta sono attribuite forme e condizioni particolari di autonomia, secondo statuti speciali adottati con leggi costituzionali».

Si riporta di seguito l'art. 10, recante disposizioni transitorie, della legge costituzionale 18 ottobre 2001, n. 3:

«1. Sino all'adeguamento dei rispettivi statuti, le disposizioni della presente legge costituzionale si applicano anche alle Regioni a statuto speciale ed alle province autonome di Trento e di Bolzano per le parti in cui prevedono forme di autonomia più ampie rispetto a quelle già attribuite».

d) difesa e Forze armate; sicurezza dello Stato; armi, munizioni ed esplosivi;
e) moneta, tutela del risparmio e mercati finanziari; tutela della concorrenza; sistema valutario; sistema tributario e contabile dello Stato; armonizzazione dei bilanci pubblici; perequazione delle risorse finanziarie;
f) organi dello Stato e relative leggi elettorali; referendum statali; elezione del Parlamento europeo;
g) ordinamento e organizzazione amministrativa dello Stato e degli enti pubblici nazionali;
h) ordine pubblico e sicurezza, ad esclusione della polizia amministrativa locale;
i) cittadinanza, stato civile e anagrafi;
l) giurisdizione e norme processuali; ordinamento civile e penale; giustizia amministrativa;
m) determinazione dei livelli essenziali delle prestazioni concernenti i diritti civili e sociali che devono essere garantiti su tutto il territorio nazionale;
n) norme generali sull'istruzione;
o) previdenza sociale;
p) legislazione elettorale, organi di governo e funzioni fondamentali di Comuni, Province e Città metropolitane;
q) dogane, protezione dei confini nazionali e profilassi internazionale;
r) pesi, misure e determinazione del tempo; coordinamento informativo statistico e informatico dei dati dell'amministrazione statale, regionale e locale; opere dell'ingegno;
s) tutela dell'ambiente, dell'ecosistema e dei beni culturali.
Sono materie di legislazione concorrente quelle relative a: rapporti internazionali e con l'Unione europea delle Regioni; commercio con l'estero; tutela e sicurezza del

lavoro; istruzione, salva l'autonomia delle istituzioni scolastiche e con esclusione della istruzione e della formazione professionale; professioni; ricerca scientifica e tecnologica e sostegno all'innovazione per i settori produttivi; tutela della salute; alimentazione; ordinamento sportivo; protezione civile; governo del territorio; porti e aeroporti civili; grandi reti di trasporto e di navigazione; ordinamento della comunicazione; produzione, trasporto e distribuzione nazionale dell'energia; previdenza complementare e integrativa; coordinamento della finanza pubblica e del sistema tributario; valorizzazione dei beni culturali e ambientali e promozione e organizzazione di attività culturali; casse di risparmio, casse rurali, aziende di credito a carattere regionale; enti di credito fondiario e agrario a carattere regionale. Nelle materie di legislazione concorrente spetta alle Regioni la potestà legislativa, salvo che per la determinazione dei principi fondamentali, riservata alla legislazione dello Stato.

Spetta alle Regioni la potestà legislativa in riferimento ad ogni materia non espressamente riservata alla legislazione dello Stato.

Le Regioni e le Province autonome di Trento e di Bolzano, nelle materie di loro competenza, partecipano alle decisioni dirette alla formazione degli atti normativi comunitari e provvedono all'attuazione e all'esecuzione degli accordi internazionali e degli atti dell'Unione europea, nel rispetto delle norme di procedura stabilite da legge dello Stato, che disciplina le modalità di esercizio del potere sostitutivo in caso di inadempienza.

La potestà regolamentare spetta allo Stato nelle materie di legislazione esclusiva, salva delega alle Regioni. La potestà regolamentare spetta alle Regioni in ogni altra materia. I Comuni, le Province e le Città metropolitane hanno potestà regolamentare in ordine alla disciplina dell'organizzazione e dello svolgimento delle funzioni loro attribuite.

Le leggi regionali rimuovono ogni ostacolo che impedisce la piena parità degli uomini e delle donne nella vita sociale, culturale ed economica e promuovono la parità di accesso tra donne e uomini alle cariche elettive.

La legge regionale ratifica le intese della Regione con altre Regioni per il migliore esercizio delle proprie funzioni, anche con individuazione di organi comuni.

Nelle materie di sua competenza la Regione può concludere accordi con Stati e intese con enti territoriali interni ad altro Stato, nei casi e con le forme disciplinati da leggi dello Stato[30].

---

[30] L'art. 117 è stato sostituito dapprima dall'art. 3 della legge costituzionale 18 ottobre 2001, n. 3 (G.U. n. 248 del 24 ottobre 2001).

Il testo originario dell'articolo era il seguente:

«La Regione emana per le seguenti materie norme legislative nei limiti dei principi fondamentali stabiliti dalle leggi dello Stato, semprechè le norme stesse non siano in contrasto con l'interesse nazionale e con quello di altre Regioni:

ordinamento degli uffici e degli enti amministrativi dipendenti dalla Regione;

circoscrizioni comunali;

polizia locale urbana e rurale;

fiere e mercati;

beneficenza pubblica ed assistenza sanitaria ed ospedaliera;

istruzione artigiana e professionale e assistenza scolastica;

musei e biblioteche di enti locali;

urbanistica;

turismo ed industria alberghiera;

tranvie e linee automobilistiche di interesse regionale;

viabilità, acquedotti e lavori pubblici di interesse regionale;

navigazione e porti lacuali;

acque minerali e termali;

cave e torbiere;

Art. 118

Le funzioni amministrative sono attribuite ai Comuni salvo che, per assicurarne l'esercizio unitario, siano conferite a Province, Città metropolitane, Regioni e Stato, sulla base dei principi di sussidiarietà, differenziazione ed adeguatezza.

---

caccia;

pesca nelle acque interne;

agricoltura e foreste;

artigianato;

altre materie indicate da leggi costituzionali.

Le leggi della Repubblica possono demandare alla Regione il potere di emanare norme per la loro attuazione».

Si riporta di seguito l'art. 11, recante disposizioni transitorie, della legge costituzionale 18 ottobre 2001, n. 3:

«1. Sino alla revisione delle norme del titolo I della parte seconda della Costituzione, i regolamenti della Camera dei deputati e del Senato della Repubblica possono prevedere la partecipazione di rappresentanti delle Regioni, delle Province autonome e degli enti locali alla Commissione parlamentare per le questioni regionali.

2. Quando un progetto di legge riguardante le materie di cui al terzo comma dell'articolo 117 e all'articolo 119 della Costituzione contenga disposizioni sulle quali la Commissione parlamentare per le questioni regionali, integrata ai sensi del comma 1, abbia espresso parere contrario o parere favorevole condizionato all'introduzione di modificazioni specificamente formulate, e la Commissione che ha svolto l'esame in sede referente non vi si sia adeguata, sulle corrispondenti parti del progetto di legge l'Assemblea delibera a maggioranza assoluta dei suoi componenti.»

In seguito, l'art. 3 della legge costituzionale 20 aprile 2012, n. 1, ha modificato l'art. 117 come segue:

a) al secondo comma, lettera e), dopo le parole: «sistema tributario e contabile dello Stato;» sono inserite le seguenti: «armonizzazione dei bilanci pubblici;»;

b) al terzo comma, primo periodo, le parole: «armonizzazione dei bilanci pubblici e» sono soppresse.

L'articolo 6 della legge costituzionale 20 aprile 2012, n. 1, stabilisce che le disposizioni della medesima legge costituzionale si applicano a decorrere dall'esercizio finanziario relativo all'anno 2014.

I Comuni, le Province e le Città metropolitane sono titolari di funzioni amministrative proprie e di quelle conferite con legge statale o regionale, secondo le rispettive competenze.

La legge statale disciplina forme di coordinamento fra Stato e Regioni nelle materie di cui alle lettere b) e h) del secondo comma dell'articolo 117, e disciplina inoltre forme di intesa e coordinamento nella materia della tutela dei beni culturali.

Stato, Regioni, Città metropolitane, Province e Comuni favoriscono l'autonoma iniziativa dei cittadini, singoli e associati, per lo svolgimento di attività di interesse generale, sulla base del principio di sussidiarietà[31].

Art. 119

I Comuni, le Province, le Città metropolitane e le Regioni hanno autonomia finanziaria di entrata e di spesa, nel rispetto dell'equilibrio dei relativi bilanci, e concorrono ad assicurare l'osservanza dei vincoli economici e finanziari derivanti dall'ordinamento dell'Unione europea.

I Comuni, le Province, le Città metropolitane e le Regioni hanno risorse autonome. Stabiliscono e

---

[31] L'art. 118 è stato sostituito dall'art. 4 della legge costituzionale 18 ottobre 2001, n. 3 (G.U. n. 248 del 24 ottobre 2001).

Il testo originario dell'articolo era il seguente:

«Spettano alla Regione le funzioni amministrative per le materie elencate nel precedente articolo, salvo quelle di interesse esclusivamente locale, che possono essere attribuite dalle leggi della Repubblica alle Provincie, ai Comuni o ad altri enti locali.

Lo Stato può con legge delegare alla Regione l'esercizio di altre funzioni amministrative.

La Regione esercita normalmente le sue funzioni amministrative delegandole alle Provincie, ai Comuni o ad altri enti locali, o valendosi dei loro uffici».

applicano tributi ed entrate propri, in armonia con la Costituzione e secondo i principi di coordinamento della finanza pubblica e del sistema tributario. Dispongono di compartecipazioni al gettito di tributi erariali riferibile al loro territorio.

La legge dello Stato istituisce un fondo perequativo, senza vincoli di destinazione, per i territori con minore capacità fiscale per abitante.

Le risorse derivanti dalle fonti di cui ai commi precedenti consentono ai Comuni, alle Province, alle Città metropolitane e alle Regioni di finanziare integralmente le funzioni pubbliche loro attribuite.

Per promuovere lo sviluppo economico, la coesione e la solidarietà sociale, per rimuovere gli squilibri economici e sociali, per favorire l'effettivo esercizio dei diritti della persona, o per provvedere a scopi diversi dal normale esercizio delle loro funzioni, lo Stato destina risorse aggiuntive ed effettua interventi speciali in favore di determinati Comuni, Province, Città metropolitane e Regioni.

La Repubblica riconosce le peculiarità delle Isole e promuove le misure necessarie a rimuovere gli svantaggi derivanti dall'insularità[32].

I Comuni, le Province, le Città metropolitane e le Regioni hanno un proprio patrimonio, attribuito secondo i princìpi generali determinati dalla legge dello Stato. Possono ricorrere all'indebitamento solo per finanziare spese di investimento, con la contestuale definizione di piani di ammortamento e a condizione che per il complesso degli enti di ciascuna Regione sia

---

[32] Comma inserito dalla legge costituzionale 7 novembre 2022, n.2 (GU Serie Generale n.267 del 15-11-2022).

rispettato l'equilibrio di bilancio. È esclusa ogni garanzia dello Stato sui prestiti dagli stessi contratti[33].

---

[33] L'art. 119 è stato sostituito dapprima dall'art. 5 della legge costituzionale 18 ottobre 2001, n. 3 (G.U. n. 248 del 24 ottobre 2001).

Il testo originario dell'articolo era il seguente:

«Le Regioni hanno autonomia finanziaria nelle forme e nei limiti stabiliti da leggi della Repubblica, che la coordinano con la finanza dello Stato, delle Provincie e dei Comuni.

Alle Regioni sono attribuiti tributi propri e quote di tributi erariali, in relazione ai bisogni delle Regioni per le spese necessarie ad adempiere le loro funzioni normali.

Per provvedere a scopi determinati, e particolarmente per valorizzare il Mezzogiorno e le Isole, lo Stato assegna per legge a singole Regioni contributi speciali.

La Regione ha un proprio demanio e patrimonio, secondo le modalità stabilite con legge della Repubblica».

Si riporta di seguito l'art. 11, recante disposizioni transitorie, della legge costituzionale 18 ottobre 2001, n. 3:

«1. Sino alla revisione delle norme del titolo I della parte seconda della Costituzione, i regolamenti della Camera dei deputati e del Senato della Repubblica possono prevedere la partecipazione di rappresentanti delle Regioni, delle Province autonome e degli enti locali alla Commissione parlamentare per le questioni regionali.

2. Quando un progetto di legge riguardante le materie di cui al terzo comma dell'articolo 117 e all'articolo 119 della Costituzione contenga disposizioni sulle quali la Commissione parlamentare per le questioni regionali, integrata ai sensi del comma 1, abbia espresso parere contrario o parere favorevole condizionato all'introduzione di modificazioni specificamente formulate, e la Commissione che ha svolto l'esame in sede referente non vi si sia adeguata, sulle corrispondenti parti del progetto di legge l'Assemblea delibera a maggioranza assoluta dei suoi componenti.»

In seguito, l'art. 4 della legge costituzionale 20 aprile 2012, n. 1, ha modificato i commi primo e sesto dell'art. 119. Il testo del primo comma dell'art. 119, come modificato dalla legge costituzionale 18 ottobre 2001, n. 3, era il seguente:

«I Comuni, le Province, le Città metropolitane e le Regioni hanno autonomia finanziaria di entrata e di spesa».

Il testo del sesto comma dell'art. 119, come modificato dalla legge costituzionale 18 ottobre 2001, n. 3, era il seguente:

Art. 120

La Regione non può istituire dazi di importazione o esportazione o transito tra le Regioni, né adottare provvedimenti che ostacolino in qualsiasi modo la libera circolazione delle persone e delle cose tra le Regioni, né limitare l'esercizio del diritto al lavoro in qualunque parte del territorio nazionale.

Il Governo può sostituirsi a organi delle Regioni, delle Città metropolitane, delle Province e dei Comuni nel caso di mancato rispetto di norme e trattati internazionali o della normativa comunitaria oppure di pericolo grave per l'incolumità e la sicurezza pubblica, ovvero quando lo richiedono la tutela dell'unità giuridica o dell'unità economica e in particolare la tutela dei livelli essenziali delle prestazioni concernenti i diritti civili e sociali, prescindendo dai confini territoriali dei governi locali. La legge definisce le procedure atte a garantire che i poteri sostitutivi siano esercitati nel rispetto del principio di sussidiarietà e del principio di leale collaborazione[34].

«I Comuni, le Province, le Città metropolitane e le Regioni hanno un proprio patrimonio, attribuito secondo i principi generali determinati dalla legge dello Stato. Possono ricorrere all'indebitamento solo per finanziare spese di investimento. È esclusa ogni garanzia dello Stato sui prestiti dagli stessi contratti».

L'articolo 6 della legge costituzionale 20 aprile 2012, n. 1, stabilisce che le disposizioni della medesima legge costituzionale si applicano a decorrere dall'esercizio finanziario relativo all'anno 2014.

[34] L'art. 120 è stato sostituito dall'art. 6 della legge costituzionale 18 ottobre 2001, n. 3 (G.U. n. 248 del 24 ottobre 2001).

Il testo originario dell'articolo era il seguente:

«La Regione non può istituire dazi d'importazione o esportazione o transito fra le Regioni.

Non può adottare provvedimenti che ostacolino in qualsiasi modo la libera circolazione delle persone e delle cose fra le Regioni.

Art. 121

Sono organi della Regione: il Consiglio regionale, la Giunta e il suo Presidente.

Il Consiglio regionale esercita le potestà legislative attribuite alla Regione e le altre funzioni conferitegli dalla Costituzione e dalle leggi. Può fare proposte di legge alle Camere.

La Giunta regionale è l'organo esecutivo delle Regioni.

Il Presidente della Giunta rappresenta la Regione; dirige la politica della Giunta e ne è responsabile; promulga le leggi ed emana i regolamenti regionali; dirige le funzioni amministrative delegate dallo Stato alla Regione, conformandosi alle istruzioni del Governo della Repubblica[35].

Art. 122

Il sistema di elezione e i casi di ineleggibilità e di incompatibilità del Presidente e degli altri componenti

---

Non può limitare il diritto dei cittadini di esercitare in qualunque parte del territorio nazionale la loro professione, impiego o lavoro».

[35] L'art. 121 è stato modificato dall'art. 1 della legge costituzionale 22 novembre 1999, n. 1 (G.U. n. 299 del 22 dicembre 1999).

Il testo originario dell'articolo era il seguente:

«Sono organi della Regione: il Consiglio regionale, la Giunta e il suo presidente.

Il Consiglio regionale esercita le potestà legislative e regolamentari attribuite alla Regione e le altre funzioni conferitegli dalla Costituzione e dalle leggi. Può fare proposte di legge alle Camere.

La Giunta regionale è l'organo esecutivo delle Regioni.

Il Presidente della Giunta rappresenta la Regione; promulga le leggi ed i regolamenti regionali, dirige le funzioni amministrative delegate dallo Stato alla Regione, conformandosi alle istruzioni del Governo centrale».

della Giunta regionale nonché dei consiglieri regionali sono disciplinati con legge della Regione nei limiti dei principi fondamentali stabiliti con legge della Repubblica, che stabilisce anche la durata degli organi elettivi.

Nessuno può appartenere contemporaneamente a un Consiglio o a una Giunta regionale e ad una delle Camere del Parlamento, ad un altro Consiglio o ad altra Giunta regionale, ovvero al Parlamento europeo.

Il Consiglio elegge tra i suoi componenti un Presidente e un ufficio di presidenza.

I consiglieri regionali non possono essere chiamati a rispondere delle opinioni espresse e dei voti dati nell'esercizio delle loro funzioni.

Il Presidente della Giunta regionale, salvo che lo statuto regionale disponga diversamente, è eletto a suffragio universale e diretto. Il Presidente eletto nomina e revoca i componenti della Giunta[36].

---

[36] L'art. 122 è stato sostituito dall'art. 2 della legge costituzionale 22 novembre 1999, n. 1 (G.U. n. 299 del 22 dicembre 1999).

Il testo originario dell'articolo era il seguente:

«Il sistema d'elezione, il numero e i casi di ineleggibilità e di incompatibilità dei consiglieri regionali sono stabiliti con legge della Repubblica.

Nessuno può appartenere contemporaneamente a un Consiglio regionale e ad una delle Camere del Parlamento o ad un altro Consiglio regionale.

Il Consiglio elegge nel suo seno un presidente e un ufficio di presidenza per i propri lavori.

I consiglieri regionali non possono essere chiamati a rispondere delle opinioni espresse e dei voti dati nell'esercizio delle loro funzioni.

Il Presidente ed i membri della Giunta sono eletti dal Consiglio regionale tra i suoi componenti».

Si riporta di seguito l'art. 5, recante disposizioni transitorie, della legge costituzionale 22 novembre 1999, n. 1:

«1. Fino alla data di entrata in vigore dei nuovi statuti regionali e delle nuove leggi elettorali ai sensi del primo comma dell'articolo 122 della Costituzione, come sostituito dall'articolo 2 della presente legge costituzionale, l'elezione del Presidente della Giunta regionale è contestuale al rinnovo dei rispettivi Consigli regionali e si effettua con le modalità previste dalle disposizioni di legge ordinaria vigenti in materia di elezione dei Consigli regionali. Sono candidati alla Presidenza della Giunta regionale i capilista delle liste regionali. E' proclamato eletto Presidente della Giunta regionale il candidato che ha conseguito il maggior numero di voti validi in ambito regionale. Il Presidente della Giunta regionale fa parte del Consiglio regionale. E' eletto alla carica di consigliere il candidato alla carica di Presidente della Giunta regionale che ha conseguito un numero di voti validi immediatamente inferiore a quello del candidato proclamato eletto Presidente. L'Ufficio centrale regionale riserva, a tal fine, l'ultimo dei seggi eventualmente spettanti alle liste circoscrizionali collegate con il capolista della lista regionale proclamato alla carica di consigliere, nell'ipotesi prevista al numero 3) del tredicesimo comma dell'articolo 15 della legge 17 febbraio 1968, n. 108, introdotto dal comma 2 dell'articolo 3 della legge 23 febbraio 1995, n. 43; o, altrimenti, il seggio attribuito con il resto o con la cifra elettorale minore, tra quelli delle stesse liste, in sede di collegio unico regionale per la ripartizione dei seggi circoscrizionali residui. Qualora tutti i seggi spettanti alle liste collegate siano stati assegnati con quoziente intero in sede circoscrizionale, l'Ufficio centrale regionale procede all'attribuzione di un seggio aggiuntivo, del quale si deve tenere conto per la determinazione della conseguente quota percentuale di seggi spettanti alle liste di maggioranza in seno al Consiglio regionale.

2. Fino alla data di entrata in vigore dei nuovi statuti regionali si osservano le seguenti disposizioni:

a) entro dieci giorni dalla proclamazione, il Presidente della Giunta regionale nomina i componenti della Giunta, fra i quali un Vicepresidente, e può successivamente revocarli;

b) nel caso in cui il Consiglio regionale approvi a maggioranza assoluta una mozione motivata di sfiducia nei confronti del Presidente della Giunta regionale, presentata da almeno un quinto dei suoi componenti e messa in discussione non prima di tre giorni dalla presentazione, entro tre mesi si procede all'indizione di nuove elezioni del Consiglio e del Presidente della Giunta. Si procede parimenti a nuove elezioni del Consiglio e del Presidente della Giunta in caso di

Art. 123

Ciascuna Regione ha uno statuto che, in armonia con la Costituzione, ne determina la forma di governo e i principi fondamentali di organizzazione e funzionamento. Lo statuto regola l'esercizio del diritto di iniziativa e del referendum su leggi e provvedimenti amministrativi della Regione e la pubblicazione delle leggi e dei regolamenti regionali.

Lo statuto è approvato e modificato dal Consiglio regionale con legge approvata a maggioranza assoluta dei suoi componenti, con due deliberazioni successive adottate ad intervallo non minore di due mesi. Per tale legge non è richiesta l'apposizione del visto da parte del Commissario del Governo. Il Governo della Repubblica può promuovere la questione di legittimità costituzionale sugli statuti regionali dinanzi alla Corte costituzionale entro trenta giorni dalla loro pubblicazione.

Lo statuto è sottoposto a referendum popolare qualora entro tre mesi dalla sua pubblicazione ne faccia richiesta un cinquantesimo degli elettori della Regione o un quinto dei componenti il Consiglio regionale. Lo statuto sottoposto a referendum non è promulgato se non è approvato dalla maggioranza dei voti validi.

In ogni Regione, lo statuto disciplina il Consiglio delle autonomie locali, quale organo di consultazione fra la Regione e gli enti locali[37].

---

dimissioni volontarie, impedimento permanente o morte del Presidente».

[37] L'art. 123 è stato sostituito dapprima dall'art. 3 della legge costituzionale 22 novembre 1999, n. 1 (G.U. n. 299 del 22 dicembre 1999).

Il testo originario dell'articolo era il seguente:

Art. 124

(Abrogato)[38]

Art. 125

Nella Regione sono istituiti organi di giustizia amministrativa di primo grado, secondo l'ordinamento stabilito da legge della Repubblica. Possono istituirsi sezioni con sede diversa dal capoluogo della Regione[39].

«Ogni Regione ha uno statuto il quale, in armonia con la Costituzione e con le leggi della Repubblica, stabilisce le norme relative all'organizzazione interna della Regione. Lo statuto regola l'esercizio del diritto di iniziativa e del referendum su leggi e provvedimenti amministrativi della Regione e la pubblicazione delle leggi e dei regolamenti regionali.

Lo statuto è deliberato dal Consiglio regionale a maggioranza assoluta dei suoi componenti, ed è approvato con legge della Repubblica».

In seguito, l'art. 7 della legge costituzionale 18 ottobre 2001, n. 3, (G.U. n. 248 del 24 ottobre 2001), ha aggiunto, in fine, un comma.

[38] L'art. 124 è stato abrogato dall'art. 9, comma 2, della legge costituzionale 18 ottobre 2001, n. 3.

Il testo originario dell'articolo era il seguente:

«Un commissario del Governo, residente nel capoluogo della Regione, sopraintende alle funzioni amministrative esercitate dallo Stato e le coordina con quelle esercitate dalla Regione».

[39] Il primo comma dell'art. 125 è stato abrogato dall'art. 9, comma 2, della legge costituzionale 18 ottobre 2001, n. 3 (G.U. n. 248 del 24 ottobre 2001).

Il testo originario dell'articolo era il seguente:

«Il controllo di legittimità sugli atti amministrativi della Regione è esercitato, in forma decentrata, da un organo dello Stato, nei modi e nei limiti stabiliti da leggi della Repubblica. La legge può in determinati casi ammettere il controllo di merito, al solo effetto di promuovere, con richiesta motivata, il riesame della deliberazione da parte del Consiglio regionale.

Nella Regione sono istituiti organi di giustizia amministrativa di primo grado, secondo l'ordinamento stabilito da legge della Repubblica. Possono istituirsi sezioni con sede diversa dal capoluogo della Regione».

Art. 126

Con decreto motivato del Presidente della Repubblica sono disposti lo scioglimento del Consiglio regionale e la rimozione del Presidente della Giunta che abbiano compiuto atti contrari alla Costituzione o gravi violazioni di legge. Lo scioglimento e la rimozione possono altresì essere disposti per ragioni di sicurezza nazionale. Il decreto è adottato sentita una Commissione di deputati e senatori costituita, per le questioni regionali, nei modi stabiliti con legge della Repubblica.

Il Consiglio regionale può esprimere la sfiducia nei confronti del Presidente della Giunta mediante mozione motivata, sottoscritta da almeno un quinto dei suoi componenti e approvata per appello nominale a maggioranza assoluta dei componenti. La mozione non può essere messa in discussione prima di tre giorni dalla presentazione.

L'approvazione della mozione di sfiducia nei confronti del Presidente della Giunta eletto a suffragio universale e diretto, nonché la rimozione, l'impedimento permanente, la morte o le dimissioni volontarie dello stesso comportano le dimissioni della Giunta e lo scioglimento del Consiglio. In ogni caso i medesimi effetti conseguono alle dimissioni contestuali della maggioranza dei componenti il Consiglio[40].

---

[40] L'art. 126 è stato sostituito dall'art. 4 della legge costituzionale 22 novembre 1999, n. 1 (G.U. n. 299 del 22 dicembre 1999).

Il testo originario dell'articolo era il seguente:

«Il Consiglio regionale può essere sciolto, quando compia atti contrari alla Costituzione o gravi violazioni di legge, o non corrisponda all'invito del Governo di sostituire la Giunta o il Presidente, che abbiano compiuto analoghi atti o violazioni.

Art. 127

Il Governo, quando ritenga che una legge regionale ecceda la competenza della Regione, può promuovere la questione di legittimità costituzionale dinanzi alla Corte costituzionale entro sessanta giorni dalla sua pubblicazione.

La Regione, quando ritenga che una legge o un atto avente valore di legge dello Stato o di un'altra Regione leda la sua sfera di competenza, può promuovere la questione di legittimità costituzionale dinanzi alla Corte

---

Può essere sciolto quando, per dimissioni o per impossibilità di formare una maggioranza, non sia in grado di funzionare.

Può essere altresì sciolto per ragioni di sicurezza nazionale.

Lo scioglimento è disposto con decreto motivato del Presidente della Repubblica, sentita una Commissione di deputati e senatori costituita, per le questioni regionali, nei modi stabiliti con legge della Repubblica.

Col decreto di scioglimento è nominata una Commissione di tre cittadini eleggibili al Consiglio regionale, che indice le elezioni entro tre mesi e provvede all'ordinaria amministrazione di competenza della Giunta e agli atti improrogabili, da sottoporre alla ratifica del nuovo Consiglio».

Si riporta di seguito l'art. 11, recante disposizioni transitorie, della legge costituzionale 18 ottobre 2001, n. 3:

«1. Sino alla revisione delle norme del titolo I della parte seconda della Costituzione, i regolamenti della Camera dei deputati e del Senato della Repubblica possono prevedere la partecipazione di rappresentanti delle Regioni, delle Province autonome e degli enti locali alla Commissione parlamentare per le questioni regionali.

2. Quando un progetto di legge riguardante le materie di cui al terzo comma dell'articolo 117 e all'articolo 119 della Costituzione contenga disposizioni sulle quali la Commissione parlamentare per le questioni regionali, integrata ai sensi del comma 1, abbia espresso parere contrario o parere favorevole condizionato all'introduzione di modificazioni specificamente formulate, e la Commissione che ha svolto l'esame in sede referente non vi si sia adeguata, sulle corrispondenti parti del progetto di legge l'Assemblea delibera a maggioranza assoluta dei suoi componenti.»

costituzionale entro sessanta giorni dalla pubblicazione della legge o dell'atto avente valore di legge[41].

Art. 128

(Abrogato)[42]

Art. 129

(Abrogato)[43]

---

[41] L'art. 127 è stato sostituito dall'art. 8 della legge costituzionale 18 ottobre 2001, n. 3 (G.U. n. 248 del 24 ottobre 2001).

Il testo originario dell'articolo era il seguente:

«Ogni legge approvata dal Consiglio regionale è comunicata al Commissario che, salvo il caso di opposizione da parte del Governo, deve vistarla nel termine di trenta giorni dalla comunicazione.

La legge è promulgata nei dieci giorni dalla apposizione del visto ed entra in vigore non prima di quindici giorni dalla sua pubblicazione. Se una legge è dichiarata urgente dal Consiglio regionale, e il Governo della Repubblica lo consente, la promulgazione e l'entrata in vigore non sono subordinate ai termini indicati.

Il Governo della Repubblica, quando ritenga che una legge approvata dal Consiglio regionale ecceda la competenza della Regione o contrasti con gli interessi nazionali o con quelli di altre Regioni, la rinvia al Consiglio regionale nel termine fissato per l'apposizione del visto.

Ove il Consiglio regionale la approvi di nuovo a maggioranza assoluta dei suoi componenti, il Governo della Repubblica può, nei quindici giorni dalla comunicazione, promuovere la questione di legittimità davanti alla Corte costituzionale, o quella di merito per contrasto di interessi davanti alle Camere. In caso di dubbio, la Corte decide di chi sia la competenza».

[42] L'art. 128 è stato abrogato dall'art. 9, comma 2, della legge costituzionale 18 ottobre 2001, n. 3 (G.U. n. 248 del 24 ottobre 2001).

Il testo originario dell'articolo era il seguente:

«Le Provincie e i Comuni sono enti autonomi nell'ambito dei principi fissati da leggi generali della Repubblica, che ne determinano le funzioni».

[43] L'art. 129 è stato abrogato dall'art. 9, comma 2, della legge costituzionale 18 ottobre 2001, n. 3.

Art. 130

(Abrogato)[44]

Art. 131

Sono costituite le seguenti Regioni:
Piemonte;
Valle d'Aosta;
Lombardia;
Trentino-Alto Adige;
Veneto;
Friuli-Venezia Giulia;
Liguria;
Emilia-Romagna;
Toscana;
Umbria;
Marche;
Lazio;
Abruzzi;

Il testo originario dell'articolo era il seguente:

«Le Provincie e i Comuni sono anche circoscrizioni di decentramento statale e regionale.

Le circoscrizioni provinciali possono essere suddivise in circondari con funzioni esclusivamente amministrative per un ulteriore decentramento».

[44] L'art. 130 è stato abrogato dall'art. 9, comma 2, della legge costituzionale 18 ottobre 2001, n. 3 (G.U. n. 248 del 24 ottobre 2001).

Il testo originario dell'articolo era il seguente:

«Un organo della Regione, costituito nei modi stabiliti da legge della Repubblica, esercita, anche in forma decentrata, il controllo di legittimità sugli atti delle Provincie, dei Comuni e degli altri enti locali.

In casi determinati dalla legge può essere esercitato il controllo di merito, nella forma di richiesta motivata agli enti deliberanti di riesaminare la loro deliberazione».

Molise[45];
Campania;
Puglia;
Basilicata;
Calabria;
Sicilia;
Sardegna.

Art. 132

Si può, con legge costituzionale, sentiti i Consigli regionali, disporre la fusione di Regioni esistenti o la creazione di nuove Regioni con un minimo di un milione di abitanti, quando ne facciano richiesta tanti Consigli comunali che rappresentino almeno un terzo delle popolazioni interessate, e la proposta sia approvata con referendum dalla maggioranza delle popolazioni stesse.

Si può, con l'approvazione della maggioranza delle popolazioni della Provincia o delle Province interessate e del Comune o dei Comuni interessati espressa mediante referendum e con legge della Repubblica, sentiti i Consigli regionali, consentire che Province e Comuni, che ne facciano richiesta, siano staccati da una Regione e aggregati ad un'altra[46].

---

[45] L'art. 131 è stato modificato dalla legge costituzionale 27 dicembre 1963, n. 3, (G.U. n. 3 del 4 gennaio 1964), che ha disposto la costituzione della "Regione Molise".

[46] L'art. 132 è stato modificato dall'articolo 9, comma 1, della legge costituzionale 18 ottobre 2001, n. 3 (G.U. n. 248 del 24 ottobre 2001).

Il testo originario dell'articolo era il seguente:

«Si può, con legge costituzionale, sentiti i Consigli regionali, disporre la fusione di Regioni esistenti o la creazione di nuove Regioni con un minimo di un milione di abitanti, quando ne facciano richiesta tanti Consigli comunali che rappresentino almeno un terzo

Art. 133

Il mutamento delle circoscrizioni provinciali e la istituzione di nuove Province nell'ambito di una Regione sono stabiliti con leggi della Repubblica, su iniziativa dei Comuni, sentita la stessa Regione.

La Regione, sentite le popolazioni interessate, può con sue leggi istituire nel proprio territorio nuovi Comuni e modificare le loro circoscrizioni e denominazioni.

---

delle popolazioni interessate, e la proposta sia approvata con referendum dalla maggioranza delle popolazioni stesse.

Si può, con referendum e con legge della Repubblica, sentiti i Consigli regionali, consentire che Provincie e Comuni, che ne facciano richiesta, siano staccati da una Regione ed aggregati ad un'altra».

Titolo VI. Garanzie costituzionali

Sezione I. La Corte costituzionale

Art. 134

La Corte costituzionale giudica:

sulle controversie relative alla legittimità costituzionale delle leggi e degli atti, aventi forza di legge, dello Stato e delle Regioni;

sui conflitti di attribuzione tra i poteri dello Stato e su quelli tra lo Stato e le Regioni, e tra le Regioni;

sulle accuse promosse contro il Presidente della Repubblica, a norma della Costituzione[47].

Art. 135

La Corte costituzionale è composta di quindici giudici nominati per un terzo dal Presidente della Repubblica, per un terzo dal Parlamento in seduta comune e per un terzo dalle supreme magistrature ordinaria ed amministrative.

I giudici della Corte costituzionale sono scelti fra i magistrati anche a riposo delle giurisdizioni superiori ordinaria ed amministrative, i professori ordinari di università in materie giuridiche e gli avvocati dopo venti anni di esercizio.

I giudici della Corte costituzionale sono nominati per nove anni, decorrenti per ciascuno di essi dal giorno del

---

[47] L'ultimo capoverso è stato così modificato dall'art. 2 della legge costituzionale 16 gennaio 1989, n. 1 (G.U. n. 13 del 17 gennaio 1989).

Il testo originario era il seguente: «sulle accuse promosse contro il Presidente della Repubblica ed i Ministri, a norma della Costituzione».

giuramento, e non possono essere nuovamente nominati.

Alla scadenza del termine il giudice costituzionale cessa dalla carica e dall'esercizio delle funzioni.

La Corte elegge tra i suoi componenti, secondo le norme stabilite dalla legge, il Presidente, che rimane in carica per un triennio, ed è rieleggibile, fermi in ogni caso i termini di scadenza dall' ufficio di giudice.

L'ufficio di giudice della Corte è incompatibile con quello di membro del Parlamento, di un Consiglio regionale, con l'esercizio della professione di avvocato e con ogni carica ed ufficio indicati dalla legge.

Nei giudizi d'accusa contro il Presidente della Repubblica intervengono, oltre i giudici ordinari della Corte, sedici membri tratti a sorte da un elenco di cittadini aventi i requisiti per l'eleggibilità a senatore, che il Parlamento compila ogni nove anni mediante elezione con le stesse modalità stabilite per la nomina dei giudici ordinari[48].

---

[48] L'art. 135 è stato sostituito dall'art. 1 della legge costituzionale 22 novembre 1967, n. 2 (G.U. n. 294 del 25 novembre 1967). L'ultimo comma, inoltre, è stato modificato dall'art. 2 della legge costituzionale 16 gennaio 1989, n. 1 (G.U. n. 13 del 17 gennaio 1989).

Il testo dell'articolo nella versione originaria era il seguente:

«La Corte costituzionale è composta di quindici giudici nominati per un terzo dal Presidente della Repubblica, per un terzo dal Parlamento in seduta comune e per un terzo dalle supreme magistrature ordinaria ed amministrative.

I giudici della Corte costituzionale sono scelti tra i magistrati anche a riposo delle giurisdizioni superiori ordinaria ed amministrative, i professori ordinari di università in materie giuridiche e gli avvocati dopo venti anni d'esercizio.

La Corte elegge il presidente fra i suoi componenti.

Art. 136

Quando la Corte dichiara l'illegittimità costituzionale di una norma di legge o di un atto avente forza di legge, la norma cessa di avere efficacia dal giorno successivo alla pubblicazione della decisione.

La decisione della Corte è pubblicata e comunicata alle Camere ed ai Consigli regionali interessati, affinché, ove lo ritengano necessario, provvedano nelle forme costituzionali.

Art. 137

Una legge costituzionale stabilisce le condizioni, le forme, i termini di proponibilità dei giudizi di legittimità costituzionale, e le garanzie d'indipendenza dei giudici della Corte.

I giudici sono nominati per dodici anni, si rinnovano parzialmente secondo le norme stabilite dalla legge e non sono immediatamente rieleggibili.

L'ufficio di giudice della Corte è incompatibile con quello di membro del Parlamento o d'un Consiglio regionale, con l'esercizio della professione d'avvocato e con ogni carica ed ufficio indicati dalla legge.

Nei giudizi d'accusa contro il Presidente della Repubblica e contro i Ministri intervengono, oltre i giudici ordinari della Corte, sedici membri eletti, all'inizio di ogni legislatura, dal Parlamento in seduta comune tra i cittadini aventi i requisiti per l'eleggibilità a senatore».

Il testo dell'articolo 135 come sostituito dalla legge costituzionale 22 novembre 1967, n. 2, (G.U. n. 294 del 25 novembre 1967), identico per i primi sei commi al testo vigente, all'ultimo comma così disponeva:

«Nei giudizi d'accusa contro il Presidente della Repubblica e contro i Ministri intervengono, oltre i giudici ordinari della Corte, sedici membri tratti a sorte da un elenco di cittadini aventi i requisiti per l'eleggibilità a senatore, che il Parlamento compila ogni nove anni mediante elezione con le stesse modalità stabilite per la nomina dei giudici ordinari».

Con legge ordinaria sono stabilite le altre norme necessarie per la costituzione e il funzionamento della Corte.

Contro le decisioni della Corte costituzionale non è ammessa alcuna impugnazione.

Sezione II. Revisione della Costituzione. Leggi costituzionali

Art. 138

Le leggi di revisione della Costituzione e le altre leggi costituzionali sono adottate da ciascuna Camera con due successive deliberazioni ad intervallo non minore di tre mesi, e sono approvate a maggioranza assoluta dei componenti di ciascuna Camera nella seconda votazione.

Le leggi stesse sono sottoposte a referendum popolare quando, entro tre mesi dalla loro pubblicazione, ne facciano domanda un quinto dei membri di una Camera o cinquecentomila elettori o cinque Consigli regionali. La legge sottoposta a referendum non è promulgata se non è approvata dalla maggioranza dei voti validi.

Non si fa luogo a referendum se la legge è stata approvata nella seconda votazione da ciascuna delle Camere a maggioranza di due terzi dei suoi componenti.

Art. 139

La forma repubblicana non può essere oggetto di revisione costituzionale.

DISPOSIZIONI TRANSITORIE E FINALI

I

Con l'entrata in vigore della Costituzione il Capo provvisorio dello Stato esercita le attribuzioni di Presidente della Repubblica e ne assume il titolo.

II

Se alla data della elezione del Presidente della Repubblica non sono costituiti tutti i Consigli regionali, partecipano alla elezione soltanto i componenti delle due Camere.

III

Per la prima composizione del Senato della Repubblica sono nominati senatori, con decreto del Presidente della Repubblica, i deputati dell'Assemblea Costituente che posseggono i requisiti di legge per essere senatori e che:
sono stati presidenti del Consiglio dei ministri o di Assemblee legislative;
hanno fatto parte del disciolto Senato;
hanno avuto almeno tre elezioni compresa quella all'Assemblea Costituente;
sono stati dichiarati decaduti nella seduta della Camera dei deputati del 9 novembre 1926;
hanno scontato la pena della reclusione non inferiore a cinque anni in seguito a condanna del tribunale speciale fascista per la difesa dello Stato.
Sono nominati altresì senatori, con decreto del Presidente della Repubblica, i membri del disciolto Senato che hanno fatto parte della Consulta Nazionale.
Al diritto di essere nominati senatori si può rinunciare prima della firma del decreto di nomina. L'accettazione

della candidatura alle elezioni politiche implica rinuncia al diritto di nomina a senatore.

IV

Per la prima elezione del Senato il Molise è considerato come Regione a sé stante, con il numero dei senatori che gli compete in base alla sua popolazione.

V

La disposizione dell'articolo 80 della Costituzione, per quanto concerne i trattati internazionali che importano oneri alle finanze o modificazioni di legge, ha effetto dalla data di convocazione delle Camere.

VI

Entro cinque anni dall'entrata in vigore della Costituzione si procede alla revisione degli organi speciali di giurisdizione attualmente esistenti, salvo le giurisdizioni del Consiglio di Stato, della Corte dei conti e dei Tribunali militari.
Entro un anno dalla stessa data si provvede con legge al riordinamento del Tribunale supremo militare in relazione all'articolo 111.

VII

Fino a quando non sia emanata la nuova legge sull'ordinamento giudiziario in conformità con la Costituzione, continuano ad osservarsi le norme dell'ordinamento vigente.
Fino a quando non entri in funzione la Corte costituzionale, la decisione delle controversie indicate nell'articolo 134 ha luogo nelle forme e nei limiti delle

norme preesistenti all'entrata in vigore della Costituzione[49].

VIII

Le elezioni dei Consigli regionali e degli organi elettivi delle amministrazioni provinciali sono indette entro un anno dall'entrata in vigore della Costituzione.

Leggi della Repubblica regolano per ogni ramo della pubblica amministrazione il passaggio delle funzioni statali attribuite alle Regioni. Fino a quando non sia provveduto al riordinamento e alla distribuzione delle funzioni amministrative fra gli enti locali, restano alle Provincie ed ai Comuni le funzioni che esercitano attualmente e le altre di cui le Regioni deleghino loro l'esercizio.

Leggi della Repubblica regolano il passaggio alle Regioni di funzionari e dipendenti dello Stato, anche delle amministrazioni centrali, che sia reso necessario dal nuovo ordinamento. Per la formazione dei loro uffici le Regioni devono, tranne che in casi di necessità, trarre il proprio personale da quello dello Stato e degli enti locali.

IX

La Repubblica, entro tre anni dall'entrata in vigore della Costituzione, adegua le sue leggi alle esigenze delle autonomie locali e alla competenza legislativa attribuita alle Regioni.

---

[49] L'art. 7 della legge costituzionale 22 novembre 1967, n. 2, ha abrogato l'ultimo comma della VII disposizione transitoria e finale che così recitava: «I giudici della Corte costituzionale nominati nella prima composizione della Corte stessa non sono soggetti alla parziale rinnovazione e durano in carica dodici anni».

X

Alla Regione del Friuli-Venezia Giulia, di cui all'articolo 116, si applicano provvisoriamente le norme generali del Titolo V della parte seconda, ferma restando la tutela delle minoranze linguistiche in conformità con l'articolo 6.

XI

Fino a cinque anni dall'entrata in vigore della Costituzione si possono, con leggi costituzionali, formare altre Regioni, a modificazione dell'elenco di cui all'articolo 131, anche senza il concorso delle condizioni richieste dal primo comma dell'articolo 132, fermo rimanendo tuttavia l'obbligo di sentire le popolazioni interessate[50].

XII

È vietata la riorganizzazione, sotto qualsiasi forma, del disciolto partito fascista.

In deroga all'articolo 48, sono stabilite con legge, per non oltre un quinquennio dalla entrata in vigore della Costituzione, limitazioni temporanee al diritto di voto e alla eleggibilità per i capi responsabili del regime fascista.

XIII

I membri e i discendenti di Casa Savoia non sono elettori e non possono ricoprire uffici pubblici né cariche elettive.

---

[50] Il termine di cui alla XI disposizione transitoria e finale è stato prorogato al 31 dicembre 1963 dalla legge costituzionale 18 marzo 1958, n. 1.

Agli ex re di Casa Savoia, alle loro consorti e ai loro discendenti maschi sono vietati l'ingresso e il soggiorno nel territorio nazionale.

I beni, esistenti nel territorio nazionale, degli ex re di Casa Savoia, delle loro consorti e dei loro discendenti maschi, sono avocati allo Stato. I trasferimenti e le costituzioni di diritti reali sui beni stessi, che siano avvenuti dopo il 2 giugno 1946, sono nulli[51].

XIV

I titoli nobiliari non sono riconosciuti.

I predicati di quelli esistenti prima del 28 ottobre 1922 valgono come parte del nome.

L'Ordine mauriziano è conservato come ente ospedaliero e funziona nei modi stabiliti dalla legge.

La legge regola la soppressione della Consulta araldica.

XV

Con l'entrata in vigore della Costituzione si ha per convertito in legge il decreto legislativo luogotenziale 25 giugno 1944, n. 151, sull'ordinamento provvisorio dello Stato.

XVI

Entro un anno dalla entrata in vigore della Costituzione si procede alla revisione e al coordinamento con essa delle precedenti leggi costituzionali che non siano state finora esplicitamente o implicitamente abrogate.

---

[51] La legge costituzionale 23 ottobre 2002, n. 1 ha stabilito che i commi primo e secondo della XIII disposizione transitoria e finale della Costituzione esauriscono i loro effetti a decorrere dalla data di entrata in vigore della stessa legge costituzionale (10 novembre 2002).

XVII

L'Assemblea Costituente sarà convocata dal suo Presidente per deliberare, entro il 31 gennaio 1948, sulla legge per la elezione del Senato della Repubblica, sugli statuti regionali speciali e sulla legge per la stampa.

Fino al giorno delle elezioni delle nuove Camere, l'Assemblea Costituente può essere convocata, quando vi sia necessità di deliberare nelle materie attribuite alla sua competenza dagli articoli 2, primo e secondo comma, e 3, comma primo e secondo, del decreto legislativo 16 marzo 1946, n. 98.

In tale periodo le Commissioni permanenti restano in funzione. Quelle legislative rinviano al Governo i disegni di legge, ad esse trasmessi, con eventuali osservazioni e proposte di emendamenti.

I deputati possono presentare al Governo interrogazioni con richiesta di risposta scritta.

L'Assemblea Costituente, agli effetti di cui al secondo comma del presente articolo, è convocata dal suo Presidente su richiesta motivata del Governo o di almeno duecento deputati.

XVIII

La presente Costituzione è promulgata dal Capo provvisorio dello Stato entro cinque giorni dalla sua approvazione da parte dell'Assemblea Costituente, ed entra in vigore il 1° gennaio 1948.

Il testo della Costituzione è depositato nella sala comunale di ciascun Comune della Repubblica per rimanervi esposto, durante tutto l'anno 1948, affinché ogni cittadino possa prenderne cognizione.

La Costituzione, munita del sigillo dello Stato, sarà inserita nella Raccolta ufficiale delle leggi e dei decreti della Repubblica.

La Costituzione dovrà essere fedelmente osservata come legge fondamentale della Repubblica da tutti i cittadini e dagli organi dello Stato.

Data a Roma, addì 27 dicembre 1947

ENRICO DE NICOLA

CONTROFIRMANO
Il Presidente dell'Assemblea Costituente UMBERTO TERRACINI
Il Presidente del Consiglio dei ministri
ALCIDE DE GASPERI
V. Il Guardasigilli
GIUSEPPE GRASSI